環遊

西班牙

4000公里

愛麗絲 Iris 文‧攝影

Contents ▌目錄

夢想在
熱情洋溢的
西班牙

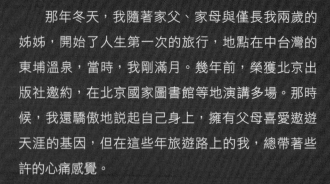

那年冬天,我隨著家父、家母與僅長我兩歲的姊姊,開始了人生第一次的旅行,地點在中台灣的東埔溫泉,當時,我剛滿月。幾年前,榮獲北京出版社邀約,在北京國家圖書館等地演講多場。那時候,我還驕傲地說起自己身上,擁有父母喜愛遨遊天涯的基因,但在這些年旅遊路上的我,總帶著些許的心痛感覺。

自從 2002 年開始自助旅遊,累積近 300 天旅遊經歷,最大的遺憾就是來不及與最疼愛我的母親與姊姊,實地分享那旅行中的酸甜苦辣;我多麼渴望在旅途中,可以和母親與姊姊擦去彼此充滿成就感與喜悅的汗水、互相打氣……然後,一起在巴塞隆納吃小天使花瓣冰淇淋,一起在塞維亞看鬥牛……但如今也只能竭盡心力為讀者書寫我的西班牙,期待天上的母親與姊姊可以成為我的頭號讀者。

沒有一個國家能夠像西班牙這樣,可以將 3300 年的所有過往,無論是阿拉伯式、哥德式、穆德哈爾式、羅曼式、巴洛克式、文藝復興式、羅馬式各時期建築……以及一切曾經在這片土地經歷過的種族與歷史文化,一一呈現在今日的大城小鎮中。

西班牙過去的人文歷史不僅留下遺跡,還保留在現代生活中,架構出一個令人目不暇給、豐富多元文化的國家,包括在建築、服裝、傳統節慶、飲食文化、日常娛樂中,甚至在人民的思考邏輯中,都歷歷在目。而這樣的魅力之所以珍貴與燦爛,也

應該歸功於百姓永遠愛戴的卡斯提亞女王伊莎貝拉一世，由於她的遠見，才能讓後代子孫有享用不盡的文化資產。

西班牙最著名旅遊城市，有曾經被美國國家地理雜誌評選為五十個人生必遊景點之一的巴塞隆納、總居世界旅遊地點扒手排行榜前幾名的首都馬德里，還有以鬥牛與佛朗明哥舞蹈聞名的塞維亞……等。因為擁有完整的各時期建築與景觀，使西班牙截至 2017 年 7 月，被聯合國教科文組織認定世界文化遺產 UNESCO 的共有 46 個，其中 40 項文化遺產、4 個自然遺產和 2 個複合遺產，僅次於義大利和中國，位居世界第三。

西班牙美麗的景點實在太多，我恨不得能將這些地方用文字與圖片逐一介紹給讀者，例如塞哥維亞古城及其輸水道、科爾多瓦歷史中心區、阿爾罕布拉宮和阿爾拜辛城、布爾戈斯主教座堂、歷史名城托雷多、聖地亞哥古城……等，雖然在旅行的途中，盡力捕捉每個瞬間的美，但告別西班牙的時間太快，還是有點遺憾，多麼希望這趟西班牙之旅是一個沒有句點的旅行。

除了沿途感性的旅行心得與耗時幾百天拍攝的照片，我也為本書規劃了實地徒步的動線與精準時間、地方特色餐、住宿餐館資訊、拍照與停車點的 GPS 座標，是一本帶在身上就隨時可以出發，前往熱情洋溢西班牙的「工具書」。

最後，我願將此書獻給熱愛旅行卻早逝的母親汶瑛佛和來不及與我歐遊便隨母親而逝的姊姊林靜佛……

「專業的旅行行家與老讀者們」
真心鑑賞推薦！

透過愛麗絲獨特的眼，筆，心，帶你領略與眾不同的西班牙！

不是旅遊就是夢遊的
黑皮豬

一本神遊如歷真境；帶著如專屬導遊般的夢幻強書！

總往旅行途中的大市隱者
亞歷山大

開放的心，優秀的旅伴，成就一趟完美回憶的旅行。

愛吃喝玩樂的 小孟欣

真是本進化的旅行書，交代概念及所有細節，圖文並茂令人愛不釋手，是最佳指南。

喜愛美好事物的大器女子
趙雅鈴

喜歡旅遊，讀過許多遊記，很喜歡愛麗絲的文字，細膩詳實、有趣又溫暖。

熟悉心裡依然住著那 16 歲好奇浪漫勇敢少女的摯友 Sophia

深入的文化與美食介紹，縝密的行程規劃，值得品味珍藏。

生活茶大師 陳顯宗

閱讀愛麗絲的旅誌猶如身歷其境，實在是小資族與自助旅遊者的最佳工具書！

DSCC 多聯活動策展公司
執行總監 謝慧蓉

透過愛麗絲的視角，讓你我細細咀嚼西班牙的華麗與非凡，對它的迷戀無法自拔！

學生的心靈捕手
大同高中校長 莊智鈞

美好，從收藏西班牙開始。乘著圖文的魔毯，一覽 4000 公里深度行的豐實與感動。

喜歡把國文玩出趣味的
老師 周靜萍

悅讀愛麗絲《環遊西班牙 4000 公里》之行，讀完你也行。

只愛自駕歐遊的 劉導

愛麗絲西班牙遊蹤 4000 公里，鏡頭、文字都與仙境夢遊一樣精彩！

高雄市福誠高中校長
蘇清山

理性與感性的愛麗絲遇上熱情西班牙迸出不可思議絕妙火花！

專業國際領隊 游輝清

坎塔布連海
Cantabrian Sea

法國
France

聖地牙哥-
德孔玻斯特拉
✕ Santiago
de Compostela

阿維拉
Ávila

布爾戈斯
Burgos

薩拉哥薩
Zaragoza

巴塞隆納
Barcelona

維戈
Vigo

薩莫拉
Zamora

塞戈維亞
Segovia

薩拉曼卡
Salamanca

馬德里
Madrid

昆卡
Cuenca

特魯埃爾
Teruel

巴利亞利群島
Islas Baleares

葡萄牙
Portugal

托雷多
Toledo

帕爾馬
Palma

孔蘇埃格拉
Consuegra

阿蘭薫斯
Aranjuez

瓦倫西亞
València

阿利坎特
Alicante

哥多華
Córdoba

瓜迪斯
Guadix

莫夕亞
Murcia

巴利亞利海
Balearic sea

塞維亞
Sevilla

奧蘇納
Osuna

塞特尼爾
Setenil

格拉納達
Granada

阿爾及利亞
Algeria

格拉薩萊馬
Grazalema

龍達
Ronda

直布羅陀海峽
Estrecho de Gibraltar

摩洛哥
Maroc

Part1

Travelling around Spain

西班牙金碧輝煌

近幾年，西班牙登上「全球最具旅遊競爭力」國家
的冠軍寶座，能擁有如此耀眼奪目的魅力，除了豐
富的文化遺產和多元化建築，還有熱情洋溢的人
們，令人大快朵頤的美食。

Chapter 1

巴塞隆納 Barcelona
5 日徒步美食遊

巴塞隆納為西班牙加泰隆尼亞首府和巴塞隆納省省會，1850 年已是世界第四大工業重鎮，1992 年舉辦夏季奧運，也是世界最著名的足球俱樂部之一。

巴塞隆納基本認識

當今巴塞隆納有兩種官方語言：西班牙語和加泰隆尼亞語，後者源自於羅馬。在併入西班牙聯邦之前，曾是一個擁有百位國會議員，以巴塞隆納為首都的獨立國家。1850 年已是世界第四大工業重鎮，1992 年舉辦夏季奧運，其港口是歐洲主要海港和最繁忙的歐洲客運港之一，有連接到法國和歐洲其他地區的高速鐵路與高速公路，每年進出普拉特國際機場人次超過 4000 萬。

第一天主要景點

　　巴塞隆納擁有豐富的文化遺產,是重要的文化中心和主要旅遊聖地,除了由路易・多門內克・蒙塔內設計的加泰羅尼亞音樂宮、聖十字聖保羅醫院,還有安東尼・高迪 (Antoni Gaudí) 的作品,桂爾公園、桂爾宮、米拉之家、維森斯之家、地下墓室、聖家堂、巴特略之家和科洛尼亞桂爾教堂地穴,均被聯合國教科文組織指定為世界文化遺產。

01 彩色大蜥蜴階梯 Dragon Stairway,鎮園之寶大蜥蜴當然不准攀爬

02 西班牙電網 Xarxa Elèctrica d'Espanya 與紀念輝煌工業而留下的三根煙囪

03 休息後從旅館出來的路上,遊客的午休狀態還未完全解除

▍徒步與美食路線

　　到達巴塞隆納普拉特國際機場是早上 8：30,但是 24 天後的中午 12：20,我們的雙腳才踏在它的街道上,而這首日的小探頭走訪,較像在為後面四天的計畫布局。

12：30 ▶ 在飯店托好行李，並向櫃台人員依信中答應的，幫我們確認次日預先打包早餐，讓我們趕早去奎爾公園野餐；約好取餐時間，便前往海鮮餐廳，以€ 31.43 的新鮮大午餐，慶祝還車順利。今天的第 2 餐後，為一早趕路與還車的辛苦，以及不敵炎炎熱浪，我們決定效仿西班牙人，回旅館午休避陽光。

17：00 ▶ 從原為河道的蘭布拉大道 (La Rambla) 盡頭開始，高高的柱子上，豎立著面朝地中海、手臂直指美洲方向的哥倫布雕像，港邊巧遇舊貨市集，木棧道延伸到一個大型購物美食廣場，從購物中心折返時，木棧道正打開讓船隻通過，繁忙的客運港附近，可見幾座壯觀的港務歷史地標。

18：10 ▶ 每位到巴塞隆納的旅客，都會進入車輛禁止通行的蘭布拉大道。我們今天幸運地遇到假日摩登 Tapas 集會，趕快去買了園遊會券，仔細觀察發現每張€ 1 的園遊會券還能從中拆成€ 0.5。雖然被好多家菜色吸引，但想起今天後面的規劃，警告自己不能花太多時間用餐，遂只以€ 10 選幾道新潮 Tapas 配啤酒，吃了今天的第 3 餐。

19：00 ▶ 離開園遊會，大道上總有值得逗留的小巷弄，或是噴水池、廣場，令人目不暇給。還有許多創意十足、令人賞心悅目的建築物，為一睹精裝版的建築奎爾宮，左轉進入 Carrer Nou de la Rambla 巷子。

01-03 La Paradeta Paral·lel 標價含現場烹飪費用,各種料理樣樣新鮮

04 近港口時,先看見壯觀的巴塞隆納海關 Duana de Barcelona

05 哥倫布雕像手臂直指他發現的新大陸美洲方向

06 港務局 - 海軍上將歷史局 Port Authority - Admiral Historic Authority

07 名為舊港的新港口

08 雖是暫時搭建的園遊會,賣家都很親切與專業

09 蘭布拉大道上,旅館陽台吸引人目光的反串瑪麗蓮夢露

10 蘭布拉大道 La Rambla 上,遊客川流不息,街燈各式各樣

11 巷子裡的醒目精裝建築奎爾宮 Palau Güell

回到蘭布拉大道不久，右轉進皇家廣場稍作休息，欣賞那兩盞總是圍滿觀光客的紅色燈柱。沿著大道經過雨傘之家，著名老甜點店一間接著一間，撫慰著每個旅人的味蕾。

01 皇家廣場 Plaça Reial 除了坐下來看人之外，勿忘記瞧瞧這裡兩盞高第初試身手的華麗燈柱

02 雨傘之家 Casa Bruno Cuadros 的石傘

03-04 近 200 歲的「寫」糕點店 Pastisseria Escribà

◉ **19：50** ▸ 終於到達今天設定的另一個重要目的地，加泰隆尼亞廣場，我們順道購買大後天去鋸齒山的纜車火車地鐵套票。達陣後，瞬間腳步輕盈不少。

◉ **20：40** ▸ 接著，貪心地繞到主教總席廣場，欣賞夕陽下金色的主教堂，與洋溢在古道上的街頭表演，讚嘆今天走的範圍之大，像在犒賞自己一般，今天的第 4 餐，於一家標榜健康牛肉漢堡的餐廳，分享兩瓶啤酒與一個大漢堡共€ 13.5，這才甘心的結束今天的試探之旅。

05 加泰隆尼亞廣場 Plaça de Catalunya 寬敞的廣場，鴿子不比人少

06-08 標榜健康牛肉的的漢堡餐廳 La Central Hamburguesería

Tips

若訂飯店含早餐，但須早出門的話，不妨提早洽詢是否可協助準備外帶餐盒。

第二天主要景點

　　沒有第二個人像安東尼·高第 (Antoni Gaudí i Cornet) 這樣，有如此多作品被列入世界文化遺產的，也唯有他能以一己設計的作品，撐起一個世界級的觀光城市。

▍徒步與美食路線

[奎爾公園 Park Güell ＋ 米拉之家 CASA MILÀ ＋ 巴特婁 Casa Batlló ＋ 主教堂 ＋ 聖荷西市場]

　　◉6：30 ▸ 去櫃檯領取兩份早餐包，走到 24 路公車發車處，搭乘 6：51 的車，預計 7：20 到奎爾公園站，8：00 前走至大露台。公車走格拉西亞大道，行經高第的幾座鉅作。

　　下車後，快步往前走，經過高第設計的植物園，還有高第徒弟設計的唯一樣品屋，因建案滯銷，高第自己買下並住於此，現為博物館。

01 搭 24 or 92 路公車，奎爾公園 Parc Güell 下車

02 公車經過高第的巴特婁之家，其左邊現代藝術建築是阿馬特耶之家

03 正門由高第設計的童話夢幻風格建築，左 Casa del Guarda 和右 Laie Parc Güell

06

　　大露台，由 86 支圓柱撐起，黃土平台其實兼蓄水功能，上面波浪狀的圍欄，符合人體工學的座椅貼滿多彩的馬賽克，此處可遠眺惠克山 (Montjuïc) 上的奧運紀念公園，還有加泰隆尼亞國家藝術博物館。俯視公園正門的兩棟童話夢幻風格建築，左邊屋頂上有栗子造型裝飾的是「門房之家」，可另購票入內參觀，右邊擁有十字尖塔的，原設計為「社區管理辦公室」，現為禮品店。

04 圓柱大廳 Sala Hipòstila 與上面黃土接水露台

05 高第徒弟設計的樣品屋 Casa Museu Gaudí，後由高第購買入住，直到搬去聖家堂工地

06 植物園腹地很大，建案環境超級棒

01 環保概念的磁磚拼圖座椅兼具美麗色彩與人體工學

02 從多功能圓柱大廳的希臘劇場，可知高第對現代藝術的影響之深

03 公園內四處建築風格，讓人印象深刻

　　我們往下走，來到有儲水功能的圓柱大廳，而這同時又是一個希臘劇場，居於其間，可看出高第對現代藝術的影響之深，而更令人敬佩的是，這位神一樣偉大的藝術家，從蒐集廢棄磁磚、雨水開始，美妙的華麗設計中，竟同時有前瞻的環保觀念。

Info 奎爾公園（Park Güell）

◎ **時間**：5/2~8/28，8：00~21：30

● **官網**：https://www.parkguell.cat/en/

$ **購票**：成人€8、7~12歲及65歲以上€5.6。建議官網購買省€1，且免排隊購票。收票、購票有前、側門兩處。早上8：00前、下午6：00後，免費進入。

● **交通**：正門搭116公車，側門搭24、92公車。

⏱9：40 ▶ 搭公車離開奎爾公園，在格拉西亞大道米拉之家下車。

米拉之家外型像一個大岩石，由彎曲線與不規則的石材砌成，所以又被稱作採石場 La Pedera，鑄鐵欄杆大部分是抽象造型，但也有動、植物具象藏於其中，整體宛若一座外星主題的科幻遊樂園。

一早就出門，此時該照計畫去加泰羅尼亞啤酒廠喝上午茶了，裡面好多當地居民，Tapas 料好價格實在，菲律賓服務生好熱情。有人開著筆電在此一邊飲食一邊工作，想必很享受這種「工作」的方式。在此遇到一位跟西班牙老婆住在同一區的義大利布林迪西人，他說這裡的早餐好吃又低脂，所以每次來就吃兩份配一杯啤酒！

04 米拉之家 Casa Milà 外型像個科幻大岩石

05-07 加泰羅尼亞啤酒廠 Cervecería Catalana，幾乎都是當地人在用餐，吧檯 Tapas 豐富且點菜方便
營業時間：週一 ～ 五 08：00~01：30，週六、日 09：00~01：30

Info 米拉之家（ Casa Milà ）

◎ **時間**：3/3~11/5每天9：00～ 20：30，11/6起，每天9：00～ 18：30
🌐 **官網**：https：//www.parkguell.cat/en/
💲 **購票**：成人：€22，12歲以下：€11，其他€16.5

🕚 **11：00** ▶ 出餐廳，走約 500 公尺，來到構成巴塞隆納不和諧街區的三座最著名建築前，由北到南分別是阿馬特耶之家、穆拉斯之家和五彩繽紛的巴特婁之家。小小的騎樓擠滿觀光客，人潮才剛紓解，又來了一群校外教學的小朋友，我不自覺地被他們完全無視熾熱陽光，專注研究的神情打動。

我們沿著格拉西亞大街向東南走去，一路上都是獨特又吸睛的建築，例如有階梯山牆楣的阿馬特耶之家（Casa Amatller）、帶著皇冠的穆拉斯之家（Casa Mulleras）其左棟現在是西班牙名牌 LOEWE 專賣大樓，過議會街的美麗馬凱特宮（Casa Malagrida）現為電影喜劇大樓，續往前走，跨過噴水池與偉大法院大道，經過移民局、在各式各樣

01 穆拉斯之家 Casa Mulleras 左棟現在是 LOEWE 專賣大樓

02 巴特婁之家 Casa Batlló 五彩繽紛浪漫得像齣歌劇

03 帶著好幾頂金橘色帽子的 Cases Antoni Rocamora

Info 巴特婁之家（ Casa Batlló ）

🌐 **官網**：https://www.casabatllo.es/en/visit/prices/

💲 **購票**：網路價（現場價）18~65歲 €23.5（€28），學生€20.5（€24.5），7~18歲 €20.5（€24.5），7歲以下免費，65歲以上 €20.5（€24.5）。官網購票成人省€4.5。

商品琳瑯滿目的百貨大樓，買兩瓶礦泉水，我們走入有很多個性商店的巷弄中。

◎ **12：40** ▶ Boqueria 街有布料店、酒館、小吃店、刺青店、裁縫店、大型人偶特製店、色彩艷麗的陶瓷、紀念品店，穿過皇家廣場，到了 La Fonda 餐廳，進行今日的美食第 3 攤。

04 色彩艷麗的紀念品店，一定有奎爾公園的大蜥蜴

05 布料店也都是居民喜歡的超鮮艷花色

06-11 餐廳 La Fonda 位於 Carrer deles Escudellers 10，每套今日午餐€ 11.35，超划算，含酒、前菜（超豐盛沙拉或西瓜湯、番茄湯、肉醬麵），主菜（牛或雞或魚），甜點

14:30 ▶ 離開餐廳,發現我們已經出來玩了 8 個小時,巴塞隆納可以看的地方真的太多太廣。酷熱的天氣,不只體會西班牙人一天 5 餐的原因,也知道西班牙人午睡的智慧,於是我們決定先回旅館洗個澡,睡一覺再續下半場。

17:30 ▶ 離天黑還有 4 個小時,衝到新建築師學院廣場,今天的下半場就從加泰隆尼亞最古老的地方開始吧!這裡留有一部分的羅馬水道與圍牆遺跡,保留著最古老,卻又能在原地誕生新的藝術,是這裡歷史傳承故事中,最動人的部分。

我們先從羅馬塔這棟有阿拉伯庭院的建築參觀起,再進入主教堂,兩者都有服裝不宜裸露的規定,主教堂建於 1298 年,歷時兩個世紀,正面部分則在 19 世紀才全部完工。

01-02 巴塞隆納的藝術創作,不只在文化遺產也存在店家

03 新建築師學院廣場 Plaça Nova Col·legi d'Arquitectes de Catalunya 上畢卡索的畫作

04 羅馬渡槽 Acueducto Romano 的古蹟,還保留一部分

05 被固定得超好的棕櫚樹,有可能是為了保護這座阿拉伯古蹟

06 羅馬塔內典型的阿拉伯中庭

Info 主教堂

◎ 時間：

週一～五8：00～12：45，13：00～17：30，
17：45～19：30

週六、日8：00～12：45，13：00～17：00。

$ 票價：

週一～五13:00～17:30樂捐票，其餘開放時間免費
入場。

週六～日13:00～17:00樂捐票，屋頂€3，其餘開
放時間免費入場。

07 羅馬高柱，撐起了莊嚴
肅穆的主教總席 La Seu

08 上帝之母榮耀的祭壇

09 是沉重的歲月撩撥人們
小小的憂傷

10 古老的管風琴似乎已經
與古老的石牆合為一體

11 仰頭望去，無數小石塊
捍衛著層層疊疊的拱樑，彩
繪玻璃與老燈，呼應著歲月
之不可數

🕐 **19：00** ▶ 工作人員開始清場，我們步出教堂，經過教堂八角塔下的庭院，在橘子樹、棕櫚樹與木蘭花之間，赫然瞥見一池綠水養著一群白鵝，在這被觀光客充斥的煩囂大都市中，竟能有如此的寧靜角落，令人為之驚嘆！繞著主教堂的身邊，踩在古老的街道上，街頭藝人表演的幾個美麗街角，嘆息橋、加泰隆尼亞自治政府大樓、來到眼前是大皇宮的國王廣場，據說在這地底下，藏著許許多多巴塞隆納的歷史珍寶。

01 走出教堂，還要為這嘆息橋 Pont del Bisbe 再發讚嘆

02 主教堂外部壯觀高聳的護牆

03 國王廣場 Plaza del Rey 小小腹地圍繞著包括大皇宮等數座重量級的古老建築

◎ **19：40** ▶ 趕在 8 點關門前，來到位於蘭布拉大道上的聖荷西市場（Merca de Sant Josep），在地鐵綠線 L3 的 Liceu 站旁，是巴塞隆納市區內最熱門的傳統市場。我們幸運地在一位難求的地中海 Ramblero 餐廳坐下來享用今天的第 4 餐，中文菜單的驚喜，與現場的歡樂下，我們點了豪華海鮮盤€ 33、大紅蝦€ 18、一杯生啤酒€ 2.75、一杯白酒€ 3.95。大家不斷地吸吮指頭，就知道料理鮮甜好吃；要特別注意收據是上廁所的門票，但使用時間在晚上 8 點以前。

04 沒來聖荷西市場（也稱 Mercado de La Boqueria），不能算有來到巴塞隆納

05 水果與現打果汁很適合又熱又渴的遊客

06 總是一位難求的 550 號攤位 Ramblero 有中文菜單

07-11 我們跟其他人點的菜，盤盤豐盛

第三天主要景點

　　在 1878 年，瓷磚商馬紐・文森斯（Manuel Vicens）委託高第設計一棟別墅，即「文森斯之家」，是世界第一棟新藝術運動的建築；顯赫的歐塞比・奎爾（Eusebi Güell）先生，驚訝於高第的浪漫奇想，續請他設計墓室、殿堂、宅邸等。有了充分的贊助，高第自由發揮強烈的個人風格與天賦才華，從此展開設計生涯。最終，使得原本是花花公子的高第，竟然為了全神貫注設計聖家堂結構，而搬到教堂工地去住。

　　高第自 31 歲起，將他 43 年的生涯都貢獻在聖家堂，為籌措建蓋基金不惜乞討，終生未婚。直到某一天，高第被電車撞倒，因衣衫襤褸，被送到聖十字聖保羅醫院，沒人認出他來，三天後過世。

　　聖家堂是高第最偉大的作品，從 1882 年開始修建，聖經中的各場景在整座建築中，宛如圖畫般逐幅呈現，外部三個立面各建四座鐘塔，代表耶穌的十二門徒，建築中央另六座高塔，四座代表聖經四福音書的作者，一座代表聖母瑪利亞，一座代表耶穌基督。

　　東立面牆上雕塑著童貞瑪利亞懷胎到基督長成的故事，是歡欣愉悅的畫面。西側受難立面，以基督的死亡為題，有稜有角的現代線條，由雕刻家蘇比拉克斯（Josep Maria Subirachs），按照高第留下的圖稿，刻出了「最後的晚餐」，到基督被釘十字架，乃至耶穌升天的故事。

01 高第公園 Plaça de Gaudí，早上 8、9 點是拍聖家堂倒影的最佳時間

02 遇到一位帶單車從澳洲來的遊客，看他超有成就感的

03 聖家堂的東側，耶穌誕生立面

徒步與美食路線

聖家堂 La Sagrada Família + 聖保羅醫院
Recinte Modernista de Sant Pau + 海洋聖母聖
殿 + 城堡公園

　　今天我們睡飽之後，在旅館裡吃完豐盛的早餐，開始今天的行程。

　　🕗 8：50 ▸ 雖然已經看過很多聖家堂的相關影像，一出地鐵，仍是被聖家堂的工程震懾到，我們的票是 10：00 ～ 10：15 進場的，此時剛好還能在高第公園，慢慢欣賞聖家堂的誕生立面與倒影。

　　高第不顧一切的堅持貫注，如今還沒蓋好的聖家堂，能有一群追隨並考究高第原設計的建築家，接力繼續完成他的創作，每天來自世界各地絡繹不絕的朝聖者，共同期待著聖家堂完成的日子。

04 高第以很多動植物的形態為藍本來設計教堂，帶有強烈的大自然色彩

05 祭壇也在一幅叢林的立體繪畫之中

06 魔鏡的設計讓人與大自然歡樂相聚

07 1926 年 6 月 12 日高第長眠於此地下墓穴

08 高第的執著與堅忍，讓我對於神的定義有了微妙的轉變

🕚 **11：30** ▶ 由大殿出來後，才走到西側立面，這面的雕刻有稜有角，充分展現高第的天賦異稟，這種現代化的線條竟然在一百多年前，就已構想出來。

我們去參觀禮品店之前，也去了寬大的工作室展覽區，看看高第是怎麼從棕櫚樹與葉、昆蟲與古建築等等大自然，激發設計構思。

🕧 **12：30** ▶ 走出聖家堂已經是艷陽高照的中午了，我們往下個目標聖十字聖保羅醫院前進，在高第大道上，看見很多坐下來休息的旅人。走了半小時，漸漸覺得，早上的自助早餐也消化殆盡了，此時，一股烤雞香撲鼻而來，隨著本地人進入一間雜貨店。我們還發現西班牙 CAVA 氣泡酒特價，隨興的跟老闆再買兩個免洗杯，就在大道上為我們備好

01 展示間高第的建築草圖說明他為西側立面設計了與東面截然不同有稜有角的現代線條

02 受難立面的稜角尖銳如歷史幻燈片般，一張張閃進人們的腦海裡

03 大塊雕刻與幻方

Info 聖家堂（La Sagrada Família）

🕐 **時間**：11〜2月9：00〜18：00、3月9：00〜19：00、4〜9月9：00〜20：00、10月9：00〜19：00。12/25〜26、1/1〜6，9：00〜14：00。

🌐 **官網**：http：//www.sagradafamilia.org/

💲 **購票**：為節省體力與以免向隅，務必上網預購門票，基本票價€15。

的長板凳，吃了起來，這大樹蔭底下，我們喝著冰涼的卡瓦，細細品嚐剛出爐的烤雞，一時不想離開舒適的座椅，索性小寐片刻。

🕑 **14：40** ▶ 太陽還是好大，戶外休息也無法完全放鬆，我們乾脆起步向前走，約 20 分鐘後，到達聖十字聖保羅醫院，它創建於 1401 年，由 6 個較小的中世紀醫院合併而成，現在另設有藝術學校（Escola Massana）和加泰羅尼亞圖書館（Biblioteca de Catalunya）。

04 老闆仔細的幫我們淋上烤雞的滴雞精

05 高第大道 Avenida de Gaudí 的盡頭就是聖十字保羅醫院

06 聖保羅大學護理學院

07 聖保羅醫院 SSGG Hospital Sant Pau 以前貧窮無依者常送此救助

08 健康與衰老 UAB 基金會 Fundació Salut i Envelliment UAB

◎ **16：30** ▶ 天氣炎熱驅使下，我們在超市買了一盒冰棒與啤酒，再前進到聖保羅醫院站，買了一張 T10 並搭 L4，到海洋聖母聖殿附近 Barceloneta 下車。聖殿建於 1329 年至 1383 年，建築風格屬於加泰隆尼亞哥德式建築，建造的石材，全靠被尊稱大力士的漁夫們，揹起巨大不可思議的石塊，從惠克山下，一塊塊搬運至此。他們總說：「我搬起我搬得了的，其他的是靠聖母瑪利亞！」；而由伊德方索‧法康尼斯（Ildefonso Falcones）描述聖母瑪利亞德爾馬大教堂的小說《海洋大教堂》，被翻譯成多種語言，已售出 600 多萬冊。

01 海洋聖母聖殿，聖母瑪利亞德爾馬大教堂之於巴塞隆納人，有如媽祖婆之於台灣人

02 光，是海洋聖母聖殿的主角

03 聖殿內部原先很多關於海洋的墓碑與豐富裝飾，在內戰中被摧毀

04 壯觀繁複的玫瑰花窗

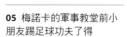

🕐 **17：30** ▶ 進入 El Born 這一區的歷史文化中心，有遺址、有過去生活使用的交通工具、飲食用具等。經過梅諾卡的軍事教堂，繼續往城堡公園前進。

05 梅諾卡的軍事教堂前小朋友踢足球功夫了得

06 城堡公園 Parc de la Ciutadella 湖裡好多划船的人

07 跟長毛象紀念雕像 Mamut 玩了好一會兒

08 瀑布紀念池 Cascada Monumental 精緻的金色雕塑與池子裡悠游的魚

09 城牆的精美雕刻引導我們發現前方的三龍城堡

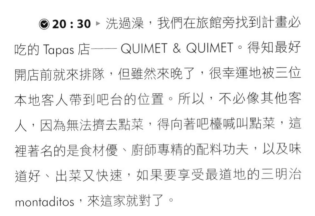

⏱ **19：20** ▶ 出了腹地廣大的城堡公園，走上路易士公司漫步大道，兩旁的燈與裝飾建築很豪氣，前方紅磚建造的凱旋門，色彩也搭配得很西班牙。附近交通方便，我們搭地鐵回旅館。

⏱ **20：30** ▶ 洗過澡，我們在旅館旁找到計畫必吃的 Tapas 店—— QUIMET & QUIMET。得知最好開店前就來排隊，但雖然來晚了，很幸運地被三位本地客人帶到吧台的位置。所以，不必像其他客人，因為無法擠去點菜，得向著吧檯喊叫點菜，這裡著名的是食材優、廚師專精的配料功夫，以及味道好、出菜又快速，如果要享受最道地的三明治 montaditos，來這家就對了。

01 路易士公司漫步大道，兩旁的燈與裝飾建築很豪氣

02 凱旋門 Arc de Triomf 上，除了蝙蝠等，還有 49 個省的省徽章

03 小小的店，擠得水洩不通，只有站位

04 必點燻鮭魚佐優格與黑松露 Smoked Salmon, greek yoghurt & truffled honey

05 魚和魚子醬 fish & Cavia

ℹ️ **QUIMET & QUIMET**

⏱ **時間**：週六～日休息，週一～五12：00～16：00，19：00～22：30。

💲 **購票**：每個montaditos幾乎都是€2.5

06-07 從遠處可見的驚人蒙特塞拉特 Montserrat 山群

第四天主要景點

　　塞拉特山（Montserrat）由一種粉紅色沉積礫岩組成，字意為鋸齒山，它描述這座從遠處可見的驚人山群，多峰岩石屬於加泰隆尼亞前海岸範圍，是西班牙的第一座國家公園。山上有眾所周知的聖瑪麗亞·塞拉特山本篤會修道院，以及發現神聖黑面聖母的地方，並被確認有與亞瑟神話中的聖杯相關的神祕所在。

▌徒步與美食路線

〔 鋸齒山 Montserrat ＋ 惠克山 Montjuïc ＋ 魔幻噴泉 Font Màgica de Montjuïc 〕

　　在摩爾人入侵期間，被隱藏的塞拉特山聖母所在地 Santa Cova，後來在 880 年被牧羊人發現。此發現使塞拉特山成為朝聖的目的地，並促成聖瑪麗亞·塞拉特山修道院的建立。

Tips

如何到鋸齒山和本篤修道院：

1. 從薩拉戈沙開車到巴塞隆那機場，若走 A2 公路，進隧道（GPS： 41.594950, 1.729727），就可以準備好相機、錄影機，因為壯觀的鋸齒山，立刻就要呈現在你的左手邊了！

2. 從巴塞隆納西班牙廣場站，乘坐 Ferrocarrils de la Generalitat de Catalunya（FGC）火車 R5 線，可到達齒條鐵路（Montserrat Rack Railway）和纜車（Aeri de Montserrat cable car）的下層車站，這兩種交通工具均可到達本篤會修道院。再從修道院出發，聖瓊（Sant Joan）鐵路纜車可上升到山頂，在懸崖上有各種廢棄的小屋，以前是隱居僧侶的居住地，而聖科瓦（Santa Cova）鐵路纜車則下降到一個神社。

到這適合一日遊的鋸齒山，務必先購買套票，可省下很多費用與時間。

以下為我們當日早餐後，帶著一些零食與水果出發的實際搭乘時程，其中，除了空中纜車之外，每段都有座位可歇息。

🕗 **8：20** ▸ 在西班牙廣場的 FGC 車站搭乘 R5 火車，到達 Montserrat 山下 Aeri de Montserrat 站。

🕘 **9：30** ▸ 走至 Aeri 的 cable car 站，搭黃色的空中刺激纜車。

🕙 **10：24** ▸ 搭鐵路纜車至 Sant Joan。

🕚 **11：30** ▸ 搭鐵路纜車至 Santa Cova。

🕛 **12：30** ▸ 到教堂趕上聆聽 13：00 少年聖歌演唱。

🕐 **13：10** ▸ 排隊進入黑面聖母的金色禮拜堂。

🕑 **14：15** ▸ 走出點滿祈福蠟燭的聖瑪麗亞大道。

🕑 **14：35** ▸ 離開風景壯麗的大廣場，去影音導

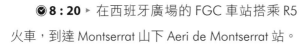

Tips

建議 Sant Joan、Santa Cova 兩處安排小健行，讓你心曠神怡，獲得如神明庇佑與洗禮般的喜悅。

01　黃色空中纜車超刺激

02　天使般的唱詩迴盪於莊嚴的教堂穹頂

03-04　一步步進入佈滿黃金的禮拜堂

05　聖瑪麗亞·塞拉特山本篤會修道院 Abadia de Montserrat，神蹟與歷史榮繞的修道院

06　珍藏在山谷裡的黑面聖母容顏本尊，虔誠的信念令人崇敬不已

07　聖母瑪利亞之路上信徒的祝福蠟燭不斷

08　每個人都能將盼望向偉大能量祈求

09　忠誠的信仰使黃金禮拜堂內的華麗，再精雕細琢也不為過

10　眼神會隨著仰望者移轉的神奇神像

覽室，快速瀏覽塞拉特山的歷史沿革及現況。

☉**15：20** ▸ 搭乘空中纜車回火車站，續接15：50 的 R5，回到西班牙廣場站。

☉**16：50** ▸ 續搭乘 150 路巴士（注意此車不在鋸齒山套票中），經過聖維森特門（Gate San Vicente）上惠克山。

兩位法國天文學家，約瑟夫德朗布爾（Joseph Delambre）和皮埃爾邁遜（Pierre Méchain），從 1792～1799 年間，經實地精確測量敦克爾克（Dunkerque）和蒙特惠克（Montjuïc）鐘樓之間的距離，而定義了 1 公尺的標準長度，其中蒙特惠克堡壘，確實擔任了子午線弧南端終點的重要地位。

☉**17：10** ▸ 在蒙特惠克山欣賞堡壘、巴塞隆納港，有一種回到巴塞隆納古代的感覺。不只是因為居高臨下，還因為這裡關於搬運夫被尊稱做大力士，以及 1 公尺的定義等，許多神奇的歷史史實，令人感到不可思議。

---

01 西班牙廣場 Plaça d'Espanya 交通網聚集處

02 聖維森特門 Gate San Vicente 後方是西班牙村

03 蒙特惠克山堡壘 Montjuïc Castle 子午線弧的南端

04 巴塞隆納港充滿了王國誕生與消失與想回到過去的故事

Tips

搭纜車看私房景點：
在 Paral·lel 站搭 Funicular 到 Parc de Montjuïc 站，轉空中纜車上山到站 GPS 41.368776, 2.163296，風景很讚，但 5 分鐘纜車要價 € 8.40。

◉ **17:45** ▶ 搭 150 路公車下山，在奧林匹克運動公園附近下車，經過橄欖球場、拍攝電影香水的西班牙村，來到陽光普照下的國家宮，在 1929 年是巴塞隆納世博的主場，現為加泰隆尼亞美術館。

◉ **18:40** ▶ 經由很多段手扶梯，一路輕鬆下去到魔法噴泉、西班牙廣場，離魔法噴泉演出還有一大段時間。我們先到西班牙廣場西邊，逛逛純樸安靜的街道，順便找食物填飽肚子，最後帶著一公升啤酒、香蕉，以及兩罐橄欖油醃製的超好吃魚罐頭，共 € 2.15，在德國館前廣場，貫徹今天省時省錢亂亂吃的策略，邊等時間，邊看當地居民們用球玩狗。

05 國家宮 Palau Nacional，目前是加泰隆尼亞美術館

06 加泰隆尼亞美術館外有最豐富的巴塞隆納風景

07 西班牙廣場前威尼斯塔 Torres Venecianes

08-09 搭手扶梯在瀑布廣場 Plaça de les Cascades 博覽會遛達一會，再去搭下一段

Tips

國家宮下到魔法噴泉的手扶梯 GPS 41.368641, 2.152022。

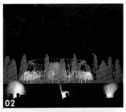

⏱ **21：10** ▸ 在德國館廣場這邊悠閒休息，沒發現那頭川流不息的人潮已經包圍魔法噴泉一圈又一圈，還好幸運的找到個有靠背的石椅，安心等待魔法施展的那一刻。

⏱ **22：30** ▸ 因為今天走太多路了，晚上的 Tapas 竟然沒有照計畫中的幾家做選擇，而是去一家看起來生意也很好的餐廳，結果花了 € 15 還踩到一個大地雷！四道小菜中，兩道太乾不好吃、一道不新鮮，酒品飲料沒詢問就送來超大杯，而那一大群的當地人卻都是小杯的，後來發現他們對遊客都刻意未詢問就送上超大杯，感覺做生意不誠實。結論是，千萬不要輕忽下功夫做功課所得到的智慧。

01 離演出還好久，準備觀賞音樂魔幻噴泉的人已經塞滿好位置

02 隨著音樂變幻起舞的彩色噴泉，浪漫而且夢幻

03 魔法噴泉聲光迷人，值得漫長的等待

Tips

美味的 Tapas 餐廳推薦：
稍微往前的 Carrer de Blai 上，整條街都是 Tapas 餐廳，其中口碑最好的三家是 Blai 9、Pincho.j、La Tasqueta de Blai，我進入觀察，雖因已吃不下而未點餐，仍可看出食材內容之優秀。

Info 魔法噴泉（Font Màgica de Motjuïc）

◎ **時間：**

4、5、10月週四~六21：00~22：00。6、9月週三~週日21：30~ 22：30。
11~3月週四~六 20：00~21：00。

第五天主要景點

在什麼都豐盛的巴塞隆納,如果想要來一趟充實的藝術饗宴,去每一處世界文明遺產參觀,或是進入米羅等各大美術館,只用五天的時間是絕對不夠的。我們為了巴塞隆納的古代與現代以及美食而來,忠實地挑選最想要的。所以,最後一天,我們還能去嘗試當地居民悠閒的一天那樣,選擇一處幾乎沒有觀光客,當地著名的海邊大沙灘。我發誓,絕不是衝著被許多裸身享受日光浴的妙齡女孩而來的!

徒步與美食路線

[郊區 Badalona + 現撈海鮮大餐]

今天去的地方先前蒐集的資訊很少,要花很多時間找路,早上一定要認真填飽肚子再出發。

04 盡是一批批熱愛生活的人,專業的道具,諸如大陽傘、野餐布、海上滑板、好多的助曬油跟防曬油

05 Paral·lel 站就在旅館附近,雖然不在舊城中心,但是交通四通八達

06 除了附近公車便利之外,Paral·lel 地鐵站還有 L3、L2 與 Funicular 三線

07 階梯狀的 Funicular 搭乘起來特別好玩

⏱ **10:10** ▶ 早餐後,我們任性的休息一下,在飯店隔壁大超市開門時,進去買了些零食與飲料,才去地鐵站搭纜車來回,只為了看看惠克山的空中纜車站是什麼模樣,便回到 Paral·lel 站搭 L2,從這地鐵線的起站,搭到終點站 Badalona Pompeu Fabra。

🕚 **11：20** ▶ 到達 Badalona 出站時，我們並不清楚該往哪個方向走。正要打開手機地圖時，聽到三位妙齡少女提到 beach，而且提著大野餐布，穿著清涼，決定跟著她們走。果然是當地居民，穿過一個天橋下走了捷徑，這個天體營的公立游泳海邊，設備相當好。海邊不但有乾淨的廁所，還有很多的淋浴蓮蓬頭，大小餐廳就在旁邊。除了游泳、日光浴的人們，還有老師帶一大群孩童來戲水、有爸爸帶著女兒來玩沙、有情侶來海邊看海、有划著衝浪板的幾個好朋友、有台灣來的兩個穿最多衣服的歐吉桑與歐巴桑。

歐吉桑與歐巴桑，很喜歡這個美麗沙子跟空氣都很潔淨的海邊，學人家脫下鞋襪。但不能再脫任何衣物，坐在最靠近公共桌椅的沙灘上，那兒有樹蔭可乘涼，還有一個媽媽帶包著尿布的兒子玩沙地玩具。我們兩個歐吉桑與歐巴桑吃著小點心，配著還算冰涼的巴塞隆納之星啤酒，感嘆著明天就要離開這熱情奔放、充滿美食的國家。

01 連路上看到的牆壁繪畫都是這麼有趣

02 有情侶的海邊增加美麗浪漫的情調

03 Mercat Municipal de Torner 市場裡海鮮有一個大區塊，也有很多其他的民生用品，包括沙灘布、沙灘陽傘

🕐 **12:30** ▶ 我們離開海灘,去附近的大市場看海鮮。後來發現這附近有幾家溫州青田人開的餐廳經濟實惠,不只這裡,連義大利等國都見他們勤奮的蹤跡,難怪溫州青田人有中國的猶太人之說。

東吃西吃的,到了一家青田人開的餐廳,我們倆合吃一份套餐,有一瓶巴塞隆納之星,炸海鮮及海鮮飯、布丁甜點,共€ 9.95。

🕐 **14:00** ▶ 我們搭上返程地鐵,隨興的決定接著要再搭一次 24 路公車,再去一趟奎爾公園山上,因為我們覺得當初高第設計的建案,光是目前不必門票的那個大型植物園就已經太吸引我們了,雖不可能住這裡,但此刻至少可以再仔細走它一趟。回程還能把格拉西亞大道的精美建築物們,再瀏覽一番。

04 巴塞隆納跟西班牙其他地方一樣,有不少很鮮豔的阿拉伯人

05 有如此驚人花器的奎爾公園植物園

06 不再追逐甚麼必去景點的時候,會發現路上曾經遺漏的美麗

07-10 一家青田人開的餐廳,餐點料理還蠻符合我倆的胃口

　　◎**20：30** ▸ 省了好幾天的餐費，今天晚餐，我們早已決定到這家名氣傳遍華人社會的海鮮餐廳，為今天的旅程做一個完美的結束，也為歐洲 16 年旅行以來，最充滿驚喜、最多樣貌、最豐盛滿意的西班牙之旅乾杯。這家餐廳吃得到巴塞隆納港最道地的海味，餐後還散步到蘭巴拉大道，再瞄一眼夜景，做為明天啟程最後巴塞隆納的印記。

我們住了 5 天的飯店

　　帕拉耶爾飯店 Hotel Parallel 四星級飯店，含早餐、雙床套房平均一天臺幣 3300 元。

01 蘭布拉大道，夜晚 10：30 終於安靜下來

02-03 早餐豐富，環境舒適明亮，服務親切

04 櫃檯服務專業，協助的事情即使換班都會傳達下去，令人覺得安心

05 房間、衛浴均舒適寬敞唯一缺點是沒有冰箱

Chapter 2

格拉納達 Granada 的 阿爾罕布拉宮 Alhambra

西元711年，由北非來的摩爾人，登陸伊比利半島，占領格拉納達（Granada）。爾後，將此城設為科多巴哈里發省的首府，後來還晉升為獨立的蘇丹王國。

▰ 西班牙收回格拉納達

儘管，睿智的伊莎貝拉一世女王，急於收回這最後一塊失地，仍為愛惜這燦爛奪目、堪稱極致藝術作品的阿爾罕布拉宮，堅決不發動任一種會破壞皇宮的戰事。終於，在多方計謀與蘇丹內鬨的絕佳時機中，於1492年兵不血刃地使穆罕默德十二世（Boabdil 博阿布迪爾王子）在阿爾罕布拉宮外，將格拉納達掌控之鑰交給天主教雙王伊莎貝拉一世和費爾南多二世。結束了伊斯蘭教長達781年的統治，同時也結束了伊比利半島最後的伊斯蘭王朝。

阿爾罕布拉宮如耀眼的紅寶石

　　正是這阿拉伯建築史皇冠上，最璀璨耀眼的那顆紅寶石，讓我們西班牙順道葡萄牙之行心動啟程的。所以，跟每天從世界各地湧進的觀光客一樣，拜訪格拉納達的阿爾罕布拉宮（Alhambra），成為我們到西班牙的第一要務。阿拉伯人蓋了 100 年才陸續完成的建築，原為軍事要塞，因此，有 2 哩的城牆包圍著巨大的城堡，並有 32 座守衛高塔，當時蘇丹皇家也居住於此。宮內繁複至極的純手工裝飾，無不令人嘖嘖稱奇。

　　由於，回教徒一天要梳洗 5 次，所以，到處可見關於水的美麗池子、水道、噴泉，它們不只被用於清潔，還有觀賞、飲用、降溫的功能，整座阿爾罕布拉宮在西元 1984 年，被聯合國教科文組織選入世界文化遺產名錄之中。

01 阿本莎拉赫廳 Sala de los Abencerrajes，當時國王聽信讒言，將涉嫌與王妃有染的 36 位武士和宮廷里的親戚在此通通殺死，地上溢滿鮮血染紅獅子中庭與十字水道

02 兩姐妹廳 Sala de las Dos Hermanas 頂部形如鐘乳石的精美裝飾是宮裡最精采的一部分

03 來自各國的旅客排隊入宮，雖然頂著大太陽等待許久，大家還是興高采烈期待放行的那一刻到來

阿爾罕布拉宮基本介紹

宮內主要分為幾個部分，請參考參觀路線圖標示：A. 國王的享樂夏宮，赫內拉利費宮（Palacio de Generalife）與最古老的摩爾花園之一。B. 文藝復興式宮殿建築卡洛斯五世宮（Palacio de Carlos V）。C. 城堡高塔區（Alcazaba），可登高遠望包括阿爾拜辛區的格拉納達全景。D. 有好幾座知名庭院、廳堂，最精采的那斯雷皇宮（Palacios Nazaries），同時也是最常買不到票的部分。其他諸如清真寺的浴室，傳承古代三溫暖使用的智慧，和宮殿內外數座花園，令人嘆為觀止。

下為粗略參觀路線圖，紅點處為主要入口巴士站，到入口處別忘索取細部地圖喔。

04 外方內圓的宮殿卡洛斯五世宮是卡洛斯五世在西元 1527 年，以永久居住為目的，下令建造的文藝復興式建築

05 遠眺格拉納達的另一世界文明遺產 Albaicín 阿爾拜辛區

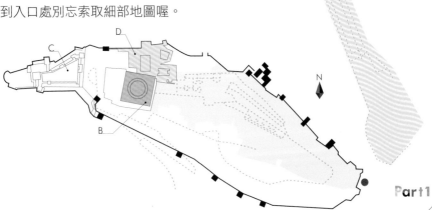

阿爾罕布拉宮購票類別

　　參觀阿爾罕布拉宮有各種行程組合，票價因組合內容而有不同，時間分上午、下午兩時段，以 14：00 起為下午時段。除了那斯雷皇宮外，宮內有阿卡乍城堡、赫內拉利費宮及卡洛斯五世宮殿，幾處驗票關卡，不要跨時段進這些關卡，以免不能通過，因不會趕已進去的人，所以，上午的票總是先售完。我們遇到很多沒買到皇宮票的個人與團體，因此，「務必」提早購票才能玩得盡興、有意義。購買阿爾罕布拉宮全票 Alhambra General，票價€ 14，參觀區域包括上面所提宮內主要 A、B、C、D 部分，建議預留 3.5 ～ 6 個小時參觀。開放時間：4/1~10/14，8：30~20：00，10/15~3/31，8：00 ～ 18：30。如果有更充裕時間的人，建議購買黃金雙享票 DOBLA DE ORO GENERAL，票價€ 19.65，參觀區域除了 Alhambra General 票涵蓋區域外，還有位於城內的 6 個紀念堂，巴妞耶羅（Bañuelo），莫里斯卡黃金烤箱（Casa Morisca Horno de Oro），達洛拉宮（Dar al-Horra's Palace），恰比屋（Casa del Chapiz），扎弗拉屋（Casa de Zafra）和煤礦紀念堂（Corral del Carbón 此原可免費進場）。對於喜歡阿拉伯建築與其庭園的人，很值得。選定進入那斯雷皇宮的入場時間購票，在寄至電子信箱的電子憑證與之後取得的票上會明確標出入場時間，

01 酒之門 Puerta del Vino，是阿爾罕布拉最古老的建築之一

02-03 煤礦紀念堂擁有阿拉伯老建築的中庭，服務人員親切協助使用機器，取入場票

因為每場次有限定人數，並嚴格執行遲到或早到都不許入場的規定。所以從主要入口要先拍照或瀏覽，務必注意到此宮殿驗票口，尚有 15 分鐘的路程喔！

阿爾罕布拉宮取票方式

　　網路購票後，依電子憑證可事先取票的方法有 3 種：1. 宮外入口處人工或機器取票。2. 在安達魯西亞（Andalucia）區的任一家 la Caixa 銀行，在銀行黃色的 ATM 機器以信用卡取票。3. 在煤礦紀念堂（GPS 座標 37.175024, -3.598144）機器取票，以上均須帶原購票用的信用卡。因我們在各城市，順道經過此銀行的時間，都是處於忙碌的行程中，又為了節省進入皇宮的時間，我們選擇第 3 種方式取票，順道參觀紀念堂。

精彩的格拉納達徒步路線

> 為了走遍最能代表格拉納達的景點，又想節省腿力，我們事先精心規劃了那一天的徒步路線：早上先到旅館停好車，搭公車到主座教堂站下車。

　　◉ 11：00 ▶ 正式開始今天的大健行，沿路上風景真是美不勝收。首先，進入教堂旁 Calle Oficios 巷道，欣賞教堂建築。隨後，進入 Alcaicería 市集，可以逛的看的很多，價格也比大街上便宜；接著，我們到煤礦紀念堂參觀、取票，使用免費洗手間後，便往卡門廣場前進，經過附設遊客中心的市議會（Ayuntamiento）。不久，長方形噴水池的伊莎貝拉廣場便映入眼簾，續往前走，來到新廣場上安達盧西亞高等法院的巨大建築前，於不遠處廣場邊，遇見一群畫著聖吉爾教堂和聖安娜教堂的銀髮繪畫團體。

Info 阿爾罕布拉宮（Alhambra）

- 🌐 官網：http：//www.alhambra-patronato.es/index.php/Prices/
- 💲 購票：官網購票，每張票預定費€1.40
- ❗ 小提醒：園區只有在阿卡乍、卡洛斯五世中間有簡易食物販售亭，可考慮攜帶充飢食品，另外此處也有緊急醫務室、乾淨寬敞的洗手間。

01 車水馬龍的伊莎貝拉廣場 Plaza Isabel

02 新廣場上的大建築物，安達盧西亞高等法院 High Court of Andalusia

03 沿著達若河的傷心小路邁入阿爾拜辛區

04 市集 Alcaicería 色彩繽紛，價格便宜

05 水之塔 Torre del Agua 位於引水渠旁，供給包括阿爾罕布拉宮、赫內拉利費花園的灌溉等用水，如今只留下一部份

🕧 **12：30** ▶ 經過格拉納達基金會，景觀瞬間有了巨大變化，因為我們已來到了悲傷之路（Paseo de los Tristes）。這是一條古時候摩爾人送葬的著名小路，達洛河（Rio Darro）旁的狹窄小路，屬於另一世界文化遺產阿爾拜辛區的邊緣。沿路有幾座古建築，還有擁美麗視野的餐廳，但我們因搭車的延誤，沒能慢慢享受美食，直接繼續前行。不久右轉入 Cuesta del Rey Chico，沿途有古橋、流水，高聳的城牆，中途跟一大群西班牙大學生不約而同的在瀑布旁，享受片刻的林間清涼野餐，才拍拍屁股往水之塔方向前行。

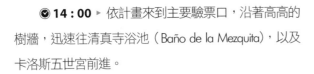

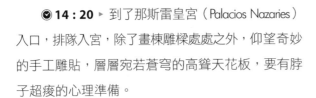

◉**14：00** ▶ 依計畫來到主要驗票口，沿著高高的樹牆，迅速往清真寺浴池（Baño de la Mezquita），以及卡洛斯五世宮前進。

◉**14：20** ▶ 到了那斯雷皇宮（Palacios Nazaries）入口，排隊入宮，除了畫棟雕樑處處之外，仰望奇妙的手工雕貼，層層宛若蒼穹的高聳天花板，要有脖子超痠的心理準備。

◉**17：00** ▶ 好不容易把那斯雷皇宮，連同外部的花園與米拉塔、貴婦人塔、植物園等參觀完，才意猶未盡地往高塔 Alcazaba 區前進。

◉**18：20** ▶ 結束幾座高塔登頂，挑戰體力並享受古城的壯觀景緻，最後我們用意志力，開始直衝在 1.5 公里之外，距此最遠的國王夏宮—赫內拉利費宮。

06 剛一進那斯雷皇宮內，就被這聯合廳 El Mexuar 繁複的手工裝飾震懾

07 米拉塔 Torre del Mihrab 內禮拜堂，供居住皇宮的人使用

08 貴婦人塔 Torre de las Damas 阿拉伯時期因巨商居住其中，而顯得特殊重要的地方，觀景台可以享受 Darro 河谷美景，旁邊小房子裡有珍貴的穆斯林畫作

09 高堡區 Alcazaba 登頂雖辛苦，但是超遼闊的視野會補償你

10 赫內拉利費宮的水渠中庭 Patio de la Acequia

01 黃昏將近的聖尼古拉斯瞭望台，人們開始聚集

02-03 阿爾拜辛區，巷弄間充滿鮮豔色彩與繁忙生活的人群

04 離主街越來越近，特色商店也越來越多

◉ **19：30** ▶ 結束參觀，順著指標，回到主要入口處，搭 C1 小公車，在伊莎貝拉廣場轉 C3 公車，往今日的美麗 ending 一聖尼古拉斯瞭望台，欣賞夕照下的金色阿爾罕布拉宮。

◉ **20：30** ▶ 離開瞭望台，由阿爾拜辛的幾條小巷道，慢慢拾級而下，沿路除了摩爾人色彩繽紛的雜貨店，還有不少美麗的建築與餐廳，值得注目停留。

◉ **21：30** ▶ 從主座教堂對面公車站亭，搭車返回旅館。

Tips

阿爾拜辛區：

巷弄氛圍與建築以及小店、餐廳都非常值得探訪，但因為居民較複雜，盡量不要獨行，更勿太晚深入其中，以策安全。

聖尼古拉斯瞭望台也是不可錯過的景點

聖尼古拉斯瞭望台（Mirador San Nicolás），擁有舉世聞名的夕陽，隨著光線變化，遠方阿爾罕布拉宮美麗的夢幻色彩令人讚嘆不已。因此，小小觀景台在黃昏之前，就會開始聚集來自世界各地的旅客，還有當地攤販，其中，一個迷你樂團把現場氣氛炒得非常熱鬧。

城內交通與交通卡

走訪以上古城景點，C1、C3 小公車很方便，單趟（含轉車時間 75 分鐘之內）€ 1.2 上車購票。如時間不夠充裕，搭乘計程車也是一個好方法（從我們住的旅館到阿爾罕布拉宮門口 17 公里，單趟約€ 20）。開車旅行者，停車地點是最大問題，在此熱門景點，警察開罰單可是非常迅速的，例如誤入禁制區必遭攝影並罰款€ 80 以上。

> **Tips**
>
> **主座教堂 Catedral de Granada：**
>
> 如果時間充裕，可購票入主座教堂 Catedral de Granada 參觀，周日免費進入，其他時間，一般成人€ 5，學生票€ 3.5，12 歲以下與殘障人士免費，入場費用包括語音導覽。

> **Tips**
>
> **城市旅遊卡：**
>
> 如果住離城內較遠，且停留天數多，不妨在遊客中心購買 Bono Turístico de Granada 城市旅行卡，可於市內搭車 9 趟，外加 1 次導覽火車之旅，並且進入包括阿爾罕布拉宮的許多博物館、紀念堂。分連續 3 天的基本票 Básico 票價€ 37，及連續 5 天的 Plus 票價€ 40。

Chapter 3

馬德里 Madrid 與周邊文化遺產
2 日遊

阿維拉 Ávila ＋皇家遺址埃斯科里亞爾修道院＋阿蘭蕙斯 Aranjuez

此趟旅行以租車的最大效益考量，在駐此外交官朋友的帶領下，用極少時間徒步瀏覽馬德里最精華區域。連同開車走訪馬德里周邊，幾處著名世界文化遺產老城，本篇依旅行到達順序，將兩天一夜的行程一一介紹。

阿維拉有最完整的中世紀城牆

阿維拉（Ávila）為抵抗摩爾人入侵，西元 1100 年於古城周邊修建城牆，防禦工事由 82 個柱型塔樓和 9 個城門組成，如今是西班牙保留最完整的中世紀城牆。舊城區和城牆外的教堂群，1985 年被列入世界文化遺產。

1989 年的諾貝爾文學獎得主，西班牙詩人米卡洛 ・ 何塞 ・ 塞拉（Camilo José Cela），在他的旅遊作品中形容阿維拉：「是西班牙離天空最近的省會，是一座被城牆圍繞的恬靜小城，它幽美不乏優雅，遠離囂喧而不乏高貴，神秘又傳統，端莊又嚴厲，它靜靜地等待著向朋友交付它那透明而神秘的心。」

吸睛的 3 小時徒步動線

⏰ **10：50** ▶ 首先到達四柱台，台內的十字架標示著特瑞莎（Teresa de Ávila）七歲時，說服其兄長，一起逃家欲前往穆斯林領地殉道時，在城外被叔叔阻止、捉回家的地方，此地也是 300 年前摩爾人與基督教的征戰前線。

⏰ **11：30** ▶ 續開車到圍牆外停車，入城。首先映入眼簾的是一個有四面連續拱門的市場男孩廣場，正面拱門的後方是聖胡安包蒂斯塔教堂，為聖特雷莎修女受洗的地方。廣場旁邊有一家很大的知名甜點店 Iselma，只要 4 分鐘就到達位於 Santa 廣場上的聖特雷莎修道院，裡面充滿著聖特雷莎，也就是我們稱大德蘭修女的傳奇故事雕刻、彩繪、油畫等，另外還保留了她的遺「指」、寢室，朝聖者都會進入鍍金的禮拜堂禱告。

01 四柱台 Cuatro Postes，是遠眺城牆最好的位置

02 壯大綿延的柱型城郭群是阿維拉的最大特徵

03 聖特雷莎修道院 Convent of Santa Teresa de Jesus 與修女雕像神聖而寧靜的結合在一起

04 Pastelería Iselma 的本地特殊名點 Yemas 蛋黃點心

05 修道院內部都是聖德雷莎修女的傳奇故事

Tips

免費停車地點
城牆外 GPS 40.659747, -4.702754

⏱ **12:40** ▸ 從修道院出來後，先經過本地名點 Yemas 創始店的 La Flor de Castilla。然後，從城堡城門走至城牆外，我們沒有上城牆，匆匆一瞥使徒聖彼得教區，在城外往北行，在主教座堂與城牆鑲在一起的對面街上，一家熱門甜點店 Chuchi Pasteles 買了兩顆 Yemas 吃。再從大教堂旁返回城內，欣賞大教堂壯大與多樣貌的建築結構。

⏱ **13:30** ▸ 離開城內，我們再次穿過城門，經過聖文森特大教堂，一邊欣賞由圓柱變成長方柱的城郭，一邊往停車處走去。

01 聖特雷莎之門 Puerta de Santa Teresa 就在修道院的前方，大德蘭修女雕像望向城門，彷彿訴說著當年欲以死殉道的決心

02 La Flor de Castilla 位於何塞·托姆廣場 Plaza de José Tome 上的正宗 Yemas 起源店

03 城堡城門 Puerta del Alcazar，厚重古老

04 Chuchi Pasteles 這家可零買幾顆 Yemas 試試，蛋黃原味很濃

05 古老的使徒聖彼得教區 Parroquia de San Pedro Apóstol，跟城外的所有教堂群一樣與城內一起被納入世界文化遺產

皇家陵寢埃斯科里亞爾
San Lorenzo de El Escorial 修道院

　　當時，菲利普二世（Felipe II de España）任命一個由建築師、醫生和石匠等公會組成的委員會，1558 年開始，尋找一個適合皇族安養晚年，以及做為皇家陵寢的地方。埃斯科里亞爾小村莊附近森林、採石場和狩獵場的豐富資源，水域的質量及其在伊比利半島的地理中心位置，正是進行這個企劃的絕佳位置。於是，修道院便在 1563 年 4 月 23 日奠基。於此之前，菲利普二世也開始獲得毗鄰修道院建造地的土地，以便創建一個被稱為皇家遺址的修道院，擁有娛樂、狩獵和農業的自給自足功能。所以，建築為修道院、宮殿、陵墓、教堂、圖書館、慈善堂、神學院、學校，八位一體的龐大建築群，氣勢磅礴，雄偉壯觀。據聞珍藏歐洲各藝術大師名作，並擁有諸多曲折華麗密道，擁「世界第八大奇蹟」之稱，1984 年被聯合國教科文組織列入世界文化遺產。

06-08 阿維拉主教座堂 Catedral de Ávila 從任一面相欣賞大教堂，均截然不同

09 「西班牙在基督教世界核心作用」的一座紀念碑，有「世界第八大奇蹟」之稱

2.5 小時悠閒與美食徒步動線

◉ **14：50** ▸ 計畫旅程中，發現無法將到埃斯科里亞爾修道院的時間，從週一挪開，感到非常遺憾。因此，僅欣賞這世界第八大奇蹟的建築外觀，並在此小鎮，找到可在修道院景致旁，好好悠閒吃個午餐的餐廳。

到達時，已飢腸轆轆，但修道院外觀非常壯觀，停好車我們還在池塘邊橋上駐足頗久，方才往餐廳方向走去。修道院曾經是西班牙皇室的住所，沿路總是被這皇室建築的大氣風範吸引。終於，我們照計畫找到當地的著名餐廳 Asador del Rey，但比預想的時間晚了許多，店家即將午休，侍者卻非常親切客氣，設法幫我的手機充電，約好在 16：20 前還我，最後拿給我時，還搞了一個我會變魔術的笑話。餐廳的牛排烤肉，有薰桃木香氣，非常可口，炎炎夏日搭配啤酒、蒸烤馬鈴薯，好對味。

◉ **16：30~17：20** ▸ 餐後在小鎮散步了一會，才取車往馬德里開去。

Tips

Asador del Rey 餐廳：兩杯生啤酒 € 5.3，塗厚香草醬的麵包 € 1.4，烤牛肉 450g € 19，冰塊杯水免費。

Tips

免費停車地點 GPS 40.588441, -4.150580

Info 修道院和皇宮

◉ **時間**：10~3月10：00~18：00，4~9月10：00~20：00。每週一、5／1、9／14、12／25、12／31不開放。

💲 **購票**：€10，5歲以下兒童、殘障、退休人士免費。

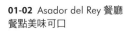

01-02 Asador del Rey 餐廳餐點美味可口

03 憲法廣場 Plaza de la Constitución 四周花團錦簇，店家頗多，看得出小鎮的富饒

04 突然從龐大修道院彼端殺出人群，無論小小孩或大學生的制服居然都一樣！

05 小鎮四處圍繞著修道院的一景一物

06 皇家學院教堂 Capilla del Real Colegio，從底下拱門離開，我默許還要再來

馬德里是歐洲最高的首都

馬德里位於海平面上 2000 公尺，是歐洲最高的首都，原為荒草一片的地方，1561 年菲利浦二世因周邊的皇家宮殿來往方便，決定遷都至此。

▌美不勝收的 3 小時徒步動線

在外交友人的帶領下，我們在西班牙廣場邊的停車場，停好車，快走 3 小時，開始瀏覽城市的精華區域。

⏱ **18：40** ▶ 西班牙廣場中央是 1957 年完成的塞萬提斯紀念碑，上方是他的石雕像，前方是他著作之一的人物，唐吉軻德和桑丘銅像，左右兩尊石像分別代表唐吉訶德現實與理想的真愛：平凡的村姑阿爾東沙・羅任索與想像中的美麗杜爾西內婭・台爾・托波索。

01 阿穆德納聖母主教座堂 Catedral de Santa María la Real de la Almudena，綜合哥德式、羅曼式與新古典主義建築風格

02 王宮的北邊立面

03 廣場上有馬德里最高的兩座建築，142 公尺高的馬德里塔（左側）、塞萬提斯紀念碑（中央）和 117 米公尺高的西班牙大廈

　　馬德里王宮在廣場南面不遠處，腹地龐大，擁有 870 扇窗、240 個陽台、44 座樓梯，隔著兵器廣場皇家宮殿對面是阿穆德納聖母主教座堂，綜合哥德式、羅曼式與新古典主義建築風格。

　　◎ 19：30 ▶ 走到塞哥維亞高架橋，當年剛完工，有人因為此新橋太美，躍下輕生，因此兩側加裝玻璃。折回梅爾大道往東續行，經過新文藝復興建築的義大利文化中心、維多利亞・尤金尼亞和阿方索十三世紀念碑、聖事堂，進入聖米蓋爾市集，朋友見招待我們餐廳用餐不成，遂在此用西班牙語點了數道豐盛新鮮的海鮮盤，讓我們大吮指尖，感覺不虛此行。

04 塞哥維亞高架橋（Viaducto de Segovia）的玻璃欄杆

05 文化中心，新文藝復興時期的義大利建築，有展覽和文化活動，以及食堂和圖書館

06 聖事堂外部華麗的裝飾

07-08 聖米蓋爾市集內部各種西班牙熟美食應有盡有

09 這家海鮮盤每道€10～12，超級新鮮美味

🕗 **20:20** ▶ 我們帶著 3 瓶啤酒，在梅爾廣場眩暈著，不是因為酒精，而是因為這個西班牙傳統封閉型廣場的壯麗建築。由於主廣場和舊聖米格爾區之間的巨大高度差，我們穿過相當高度的拱門，然後特地來到全世界最早開業的餐廳波汀，據說浪漫藝術畫家哥雅（Francisco José de Goya y Lucientes）曾於此打工，作家海明威、美國總統雷根都曾是座上賓。再返回主廣場，從另一頭出廣場，往太陽門方向前進。

01 封閉式的主廣場中央是菲利普三世 Estatua Felipe III 雕像

02 熊與楊梅樹 El Oso y el Madroño，楊梅樹因名字而成為馬德里的象徵，至於熊，是因為他愛吃楊梅

03 有陡坡階梯的拱廊 Arco de Cuchilleros 連接主廣場與舊聖米蓋爾區

04 廣場的其中一邊 Casa de la Panadería，建築物上壯觀奪目的彩色立面壁畫總是引人注目

🕘 **21：00** ▶ 太陽廣場

停留片刻後，我們選擇主

大道開始往回走，經過市政廣場，市政府即是一棟
華美的別墅，再次經過王宮，夕陽的顏色讓皇宮的
建築變得更美了，今天在外交友人的熱情帶領下，
讓我們發現馬德里，有她過往的精華和如今的豪
氣，還有吮指讚嘆的美味，真是太完美太感激了！

阿蘭蕙斯王宮感受貴族氛圍

　　阿蘭蕙斯王宮也稱為阿蘭蕙斯皇家莊園，位於
馬德里南部 42 公里和托雷多 44 公里的塔霍河、
哈拉馬河匯合處，其文化景觀設計思路創新，花
了 300 年工程才全部完工。15 世紀菲利普二世時
代以來，它一直是西班牙皇家的財產之一，只有皇
室和貴族被允許住在鎮上。伊莎貝拉和費爾南多——
天主教雙君主，將阿蘭蕙斯轉變成皇家遺址。直到
19 世紀末都是西班牙王室的財產、國王的春天住
所。精美細緻而高雅時尚的阿蘭蕙斯文化景觀，於
2001 年被聯合國教科文組織宣布為世界文化景觀
遺產。

05 馬德里的街頭藝人是我
見過最嚇人的，旅客常想嘗
試

06 市政府別墅與辦公處
Ayuntamiento de Madrid

Tips

在 Saba 室內停車場
GPS 40.422906,
-3.708793 取車時，
電梯用停車票卡感應
才可入內搭乘，停 3
小時 20 分鐘，€8.85。

悠閒養氣的 3 小時徒步動線

世界古典名曲阿蘭蕙斯協奏曲（Concierto de Aranjuez）描寫的地方，正是這個擁有皇宮住所，曾經只有皇室才得居住的宜人小鎮，凝聽這首古典音樂，你可以感受阿蘭蕙斯的貴族悠閒氛圍。

◎ **10：30** ▶ 直接將車子停到王子公園的東側門外的免費停車場，然後，進入一座森林公園。連垃圾桶都精緻高貴的公園裡，一座座精雕細琢的噴水池、池塘，與一條條佈滿參天大樹的步道，很多當地居民在此晨跑、遛狗、看報紙，或只是坐著聽鳥叫蟲鳴，好羨慕能在這裡養老的居民。

◎ **11：10** ▶ 開車往西行，停好車，走入島公園之前，被巨大的大力神和安哥噴泉吸引過去，於是我們先逛一下這皇宮東側的花壇花園。連續兩個超大噴泉池與整理得雍容清麗的花壇，讓人彷彿置身貴族氛圍之中。

島公園位於皇宮北側，在一個被塔霍河又名太加斯河圍繞的島上。公園與皇宮之間有一座神奇的響板瀑布，公園裡處處可遇見驚喜的景觀，林間噴泉一座座各有主題，河道旁裝飾著大石罐、氣派的石座椅，步道上不是高聳的大樹，就是雕得如一幅幅藝術圖畫的矮林。好多人來這裡遛小孩、遛狗的，生活真是愜意極了。

01 拉布拉多之家 Casa del Labrador 購票參觀

02 中國式池塘 Estanque De Los Chinescos，兩座涼亭外，珍禽到處隨意遊玩

03 阿波羅等一幢接著一幢的噴水池，融入大自然中

04 花壇花園從臨路的大力神和安哥噴泉 Fuente de Hércules y Anteo 開始

◎**12：20** ▶ 沿著國家遺產的長廊到達皇宮售票入口，進入皇宮參觀的第一件事情是完全禁止拍照，以及背包往前背，不是防宵小，而是以免干擾其他訪客與展示品。皇宮裡的房間，無論是起居室、餐廳、臥室、撞球間、書房等等，一間間雕樑畫棟，來自各國的強烈風格，例如義大利風、英國風、中國風、法國風……，黃金擺飾、壁畫、設計各異的古典窗簾，各個都精緻得讓人不忍挪開眼光。而且天花板為燈飾的雕飾也是太講究，以致於整體無一處空閒著，雖然色彩強烈令人眼花撩亂，卻處處典雅動人，讓人印象深刻，看了一間便期待著下一處會襲來的驚艷。

參觀結束後，在國家遺產的紀念品商店裏，買了跟皇宮其中一間房間壁飾，相同圖案的一個 expreso 咖啡杯盤，希望藉此幫我們把那些皇室房間的華美，迴盪在腦海深處。

05 大力神力大無窮、神勇無比

06 拔刺的男孩在 Fuente del Espinario 水池小園子中央

07 沿著長廊往前到皇宮售票處

🕐 **13：20** ▶ 出了紀念品店，走在情侶廣場上，神迷於這裡的超長的美麗連續老拱廊。繞過民事法庭這片拱廊，左轉進入聖安東尼廣場，廣場一邊依然是數不盡的拱廊，一邊則是被幾座拱廊簇擁著的聖安東尼教堂。最後，我們在廣場另一端，白色萬壽菊的噴泉前，仔細端詳它身上的蜥蜴、海豚、星星、獅子等雕刻，才離開這美麗高雅的阿蘭惠斯。

01 阿蘭惠斯皇宮 Palacio Real de Aranjuez 雖然建築龐大，參觀看指標走即可

02 拱廊的內外所見都是拱廊，此繁複之美令人驚嘆

03 圖案來自皇宮的瓷器與各種布料製品

04 被幾座拱廊簇擁著的聖安東尼教堂 Iglesia de San Antonio de Padua 倒顯溫婉

Info 阿蘭蕙斯王宮（Palacio Real de Aranjuez）

🕐 **時間**：10～3月10：00～18：00，4～9月10：00～20：00。每週一、5／1、9／14、12／25～31不開放。

💲 **購票**：成人票€9。5～16歲、25歲以下的學生€4。5歲以下兒童、殘障、退休人士、教師免費。

Tips

免費停車地點
王子公園 GPS
40.039608, -3.585930，
花壇花園 GPS
40.037622, -3.604923

Chapter 4

塞戈維亞 Segovia 修道院的
米其林烤乳豬

塞戈維亞從輸水道到整座古城，於 1985 年，被列入世界文化遺產。

西班牙首任女王伊莎貝拉的城堡

西元 1454 年，伊莎貝拉（Isabella）三歲時，父王過世，哥哥恩里克四世
（Henry IV）一登基，違背父王所託，將他母子女三人遺棄在簡陋的阿列瓦洛
城堡（Arévalo）。雖錢財不足生活貧困，但在母親的細心照顧下，伊莎貝拉
對宗教的虔誠與深切的尊敬，幫助她度過層層難關。1462 年，皇后臨盆，要
求伊莎貝拉與弟弟搬到塞戈維亞城堡皇宮，就近監視。雖然工作辛苦，但此時
伊莎貝拉才有了像樣的衣服與足夠的食物。

後來，擁護伊莎貝拉稱王的托雷多主教軍隊，與國王作戰，無能的恩里克
數度戰敗，仍幾經拖延，最終才簽訂停戰條約。確立伊莎貝拉繼承王位的順位

在恩里克之後，但恩里克仍利用各種婚約安排，想毀掉妹妹的繼承資格。至 1474 年恩里克暴斃後，伊莎貝拉擔心恐有變數，急召有權長老們到聖米蓋爾教堂，依前條約，旋即宣布登基，號伊莎貝拉一世。至今教堂主牆上，仍留有紀念匾額，標誌著歷史上這決定性的時刻。

塞戈維亞不可遺漏的景點

　　塞戈維亞大街小巷有許多值得玩味再三的古建築、市集，來此旅行的人們，不可遺漏的四件事：迪士尼睡美人城堡原型的城堡、雄偉的古羅馬水道橋、有西班牙教堂貴婦之譽的主座教堂，以及品嚐自古傳承下來的烤乳豬名餐 Cochinillo asado。

皇宮城堡

　　皇宮城堡始建於 11 世紀，坐落在古城西北邊，高出河谷近百米的山崗上，除了貴族皇宮的過往之外，1475 年 1 月 15 日，卡斯提亞君主協定在此簽定，條約中，創始的宣示卡斯提亞的伊莎貝拉一世和阿拉貢的丈夫費爾南多二世（當時為西西里島國王兼赫羅納王子）雙王共同治理卡斯提亞。

01 周圍的城牆建於 8 世紀

02 艾薩瑰侯廣場 Plaza del Azoguejo 為水道橋最高處

Info　皇宮城堡（Alcázar）

◎ **時間**：夏季（4~10月）10：00～20：00，冬季（11~3月）10：00～18：00
💲 **購票**：費用 €5.5（含皇宮與砲火博物館）

塞戈維亞輸水道

塞戈維亞古城輸水道始建於西元 50 年左右，乃伊比利亞半島最雄偉、保存最完好的古羅馬水道橋遺蹟，將河道比塞戈維亞高的河水引進城中，供居民日常生活使用，水道橋完全僅由石塊堆砌而成，最高處 28.5 公尺，長 800 公尺，共 167 個拱門支撐。

塞戈維亞主教座堂

塞戈維亞主教座堂始建於 11 世紀，16 世紀才完工，哥德式教堂內的鐘樓高達 88 公尺，是西班牙最高的鐘樓，外觀可見眾多小小尖塔簇擁著高聳的主塔。

維拉十字教堂

城外維拉十字教堂（Iglesia de la Vera Cruz）的建造，曾被認為歸功於聖殿騎士，但今天人們相信是耶路撒冷對聖墓的建造命令，且乃依託於托羅（即今薩莫拉）的大學教會。根據教堂側門的墓碑所述，於 1208 年 9 月 13 日奉獻。

03 伊比利亞半島最雄偉、保存最完整的古羅馬水道橋遺蹟

04 整座教堂高貴非凡，無怪乎有貴婦教堂的暱稱。

Info 塞戈維亞主教座堂（Catedral de Segovia）

◎ **時間**：4~10月每天9：00~21：30，11~3月每天9：30~19：00。

💲 **購票**：參觀€3，10歲以下兒童和塞戈維亞人免費。主教堂一側有乾淨免費洗手間。

簡易的徒步路線時間規劃

⏱ **12：40** ▸ 在城外維拉十字教堂旁停下車，先欣賞塞戈維亞城堡的美麗側身。

⏱ **13：15** ▸ 續開車到公園 Pradera de San Marcos 裡裡外外，仰視拍攝有藍天背景的城堡。

⏱ **13：45** ▸ 車停免費車位 GPS 座標 40.947858, -4.113680，開始古城的徒步旅行。

⏱ **14：00** ▸ 通過水道橋下，先行右轉走階梯上到頂端，風光太迷人，在此停留不少時間，跟各國的遊客互拍了不少照片，再下行繞進古城內。經過祭司教區住宅來到三一教堂旁，續往前進入主廣場。

⏱ **14：40** ▸ 遊客中心、市政廳、聖米蓋爾教堂以及主教座堂都在主廣場上。

01 停好車，步行進入古城

02 進城第一個要務是仔細端詳水道橋

03 祭司教區住宅造型磚色特別

⏱ **15：30** ▸ 接著往城堡的方向前進，經過建築師學院，進入中庭有一個小市集，賣的物品都很有特色，不遠處是聖安德魯教堂、美食博物館。

04 主廣場上的市政廳，對面是遊客中心

05 5 月 2 日英雄紀念碑

06 塞戈維亞城堡是迪士尼睡美人城堡的原型，始建於 11 世紀中世紀

07 聖安德魯教堂 Iglesia de San Andrés 在主座教堂往城堡的中途，Plaza de la Merced 廣場旁邊

08 塞戈維亞的建築師官方學院 Colegio Oficial de Arquitectos de Segovia 與市集

◉ 16：00 ▶ 終於來到城堡的大門入口。

◉ 16：30 ▶ 離開城堡往回走，兩人合吃一客好吃優格冰淇淋後，我們腳程加快，經過聖馬丁教堂，來到美麗的原野之城廣場。接著，在普拉特羅奧肯廣場上，有五彩拉毛粉飾壁畫外牆的伯爵宮。而後，到尖頂之家，據說之前是劊子手的家，16 世紀的新主人用金剛石方尖錐將過去主人的證據完全覆蓋。沿街老建築，處處彰顯曾經是皇室所在的氣勢，最後，在水道橋最高處的艾薩瑰侯廣場停留片刻，續往停車處走去。

01 聖馬丁教堂是個經典的混合式建築，主體是羅馬式建築，鐘樓則有穆德哈爾式的塔身，但卻戴著巴洛克式的樓頂

02 Juan Bravo 卡斯提亞公社擁護者胡安的雕像

03 阿爾普恩特伯爵宮 palacio del Conde Alpuente，位於 Plaza Platero Oquendo 普拉特羅奧肯廣場，火焰式哥德小窗與五彩拉毛粉飾壁畫的外牆引人注目

04 尖頂之家 Casa de los Picos，15 世紀的建築，現為藝術專科學校

我們住

⏰ **18:10** ▶ 我們入住 Hotel San Antonio El Real Restaurante Claustro 四星級旅館與餐廳，含早餐與停車臺幣 2263 元。

修道院原是恩里克的夏宮，收藏很多穆德哈爾風格的畫作、手工藝品。房間舒適寬敞、設備高級周全貼心之外，衣櫥、門窗、外廊等休息角落，都保留一些古物、古畫精心裝飾著裡外空間。早餐內容非常精緻，且食材等級均相當高級。旅館本身即是一個景點，記得提早入住，把修道院教堂、博物館以及各古廊道與天井庭院，細細品味。

05-06 位於水道橋的起點旁，聖安東尼奧皇家修道院 Convento De San Antonio El Real 內

07-09 四星級旅館的房間典雅舒適

我們吃

Restaurante Claustro 修道院米其林餐廳，華麗古典，四處裝飾精緻的金、木雕古手工藝品、穆德哈爾式的門窗、窗簾、壁畫等，讓人享受著貴族般的用餐氛圍，餐廳為了優秀的服務水準，一個晚上只接待 6 桌，約 12 位客人。

在這裡，我們享受到最甜美親切的服務。一瓶氣泡礦泉水與兩水晶杯的紅酒後，餐前麵包一上來，就讓我們驚訝不已。不只是麵包本身，還有它的抹醬，整個充滿了自然的果香與淡雅的起司、奶油與天然香草味。接著，開胃菜分別是煙燻鮭魚佐摩左拉起司球沙拉、鵝肝醬佐洋薊水波蛋與馬鈴薯籤，不論用料與醬汁都讓我們吮指稱讚。此時，已經飽足滿意極了，但主菜紅酒燉羊膝與特大烤乳豬（比一般餐廳的份量大）卻依然讓我們讚嘆的抹淨餐盤，香嫩羊膝入口即化，而烤乳豬，保留最清甜的肉香，比外表更讓人驚艷，沾著原汁，方知豬腿可以這麼單純的好吃！

最後的甜點在服務生推薦下，選了溫暖流動的苦巧克力加冰淇淋搭配不甜膩的布朗尼，及一道能評它滿分的杏桃蛋糕。比起城內的幾家熱門餐廳，單點一份烤乳豬動輒二、三十歐，完全無法與之相提並論，這裡道道經典的米其林級晚餐，每套竟然只需二十五歐，真是與所在旅館一樣，是一座讓人出乎意料、物超所值、精采絕倫的平民古蹟餐廳。

01-04 Restaurante Claustro 修道院米其林餐廳與美味餐點

Chapter 5

塞維亞 Sevilla 流水花園
2 日遊

塞維亞是西班牙第四大都市，西班牙南部的藝術、文化與金融中心，也是安達魯西亞自治區和塞維亞省的首府。

▶ 塞維亞城市的浪漫印象

　　塞維亞在 1987 年獲評入世界文化遺產的有塞維亞大教堂（Catedral de santa María de la sede）、西印度群島檔案館（Archivo de Indias in Seville）和城堡（Alcázar），三組建築聚集於塞維亞市中心，構成非凡的古蹟建築群。但對於塞維亞，我最想說的是關於一個浪漫的知遇。

以發現美洲新大陸聞名於世的哥倫布（Cristóbal Colón）的成功是因為西班牙（當初他獲得卡斯提亞女王伊莎貝拉一世的資助），但最後關係交惡到留下遺言：「死後決不葬在西班牙土地上」，這也說明了如今塞維亞主教座堂中，為何存放的是哥倫布的懸棺墓了。且為表慎重追思，以象徵組成西班牙的卡斯提亞、阿拉貢、里昂和納瓦拉四個王國國王的雕像，共同抬起此棺墓。至於墓內的遺體，2006 年經科學家以其兒子的 DNA 交叉比對，證實懸棺所藏的確是哥倫布，只不過只是 15% 的骨架，其餘部分遺體，可能在多明尼加原葬點。

大教堂是塞維亞收復失地運動後，於 1401～1519 年間，建於原清真寺的舊址上，前後超過一百年的時間才建造完成，共分五個大殿，以面積來說，是歐洲最大的哥德式建築。教堂內奢華的裝飾著大量黃金，被列為世界三大教堂之一，與梵蒂岡的聖彼得大教堂、倫敦的聖保羅大教堂齊名。教堂最顯著的希拉達塔，是阿爾摩哈德時代的建築傑作，原為清真寺的宣禮塔，後來基督教為強調信仰，在塔頂增加了 El Giraldillo 雕像，並改建為鐘塔。

01

02

Tips

塞維亞主教座堂

現場買票隊伍非常長，可先到薩爾瓦多教堂 Iglesia Colegial del Salvador 參觀（單買票價€3）美麗的巴洛克建築，並在此購買與大教堂及希拉達塔的聯票€8。

Info 塞維亞主教座堂（Catedral de Sevilla）

◎ **時間**：7~8月週一~六9：30~16：30、週日14：30~18：30，其他月份週一~六11：00~19：30、週日14：00~18：30

$ **購票**：票價 €7。

名副其實的黃金塔

瓜達基維河從塞維亞市中心穿流而過，當年哥倫布的船隊可以直接航行到河畔的黃金塔前，將向土著掠奪來或奴隸他們開採的大批黃金、白銀登記入庫。十二等邊柱形的黃金塔於 1221 年建造，做為河上的瞭望塔和防禦關卡，曾經外磚鋪了黃金，可見當時塞維亞的繁榮。如今做為海軍博物館，存放版畫、信件、模型，工具和歷史檔案。

01 細緻繁複的磚造希拉達塔 Giralda，原為穆斯林摩爾人的宣禮塔，如今是基督教的鐘塔

02 薩爾瓦多教堂巴洛克式建築

03 塞維亞主教座堂古老而莊嚴

04 夕陽下的黃金塔，塔如其名

Info 黃金塔（Torre del Oro）

◎ **時間**：週一～五9：30～18：45、週六～日10：30～18：45。

💲 **購票**：票價 €3

01 水銀池塘 estanque de Mercurio 文藝復興時期的雕像

02 蒙特里亞庭院 patio de la Montería 的牆壁畫布其最古老的元素可追溯到 11 世紀

塞維亞王宮城堡是歐洲最古老的宮殿

塞維亞王宮城堡，擁歐洲最古老宮殿之名，著名的流水花園最老的植物是阿拉伯人在 1000 年前種植的，而棕櫚樹則見證 500 年前哥倫布發現新大陸美洲，可說塞維亞的每段歷史足跡，在這流水花園裡便能尋見。

城堡是由城市原有的摩爾人堡壘宮殿改建而成，修建始於 1181 年並持續了 500 年以上，與主座教堂一樣，以安達盧西亞的摩爾穆德哈爾（mudéjar）風格為主，也同是阿爾摩哈德文明和信奉基督教的安達盧西亞文明的歷史見證，目前上層仍是王室在塞維亞的駐地，由國家遺產單位管理。

購票從阿拉伯風格的獅子門進入，參觀時間約需要 3~4 個小時。內部包括許多個庭院，例如少女庭院、殘酷者佩德羅一世庭院等，均是西班牙穆德哈爾建築留存的最佳實例，還有雖然庭院很多，記得省著腿力，務必要到多部電影與影集取景的地點，充滿各國情調美麗的流水花園。

塞維亞王宮城堡路線圖
Alcázares Reales de Sevilla

1 多娜瑪莉亞得帕迪亞浴場
Baños Doña Maria de Padilla

2 穹頂大廳
Sala de las Bóvedas

3 掛毯廳
Salón de los Tapices

4 蒙特里亞庭院
Patio de la Montería
· 訂婚之屋
· 助理之屋

5 萊維斯庭院
Patio de levies
· 國王唐佩德羅宮

6 娃娃庭院
Patio de las Muñecas
· 皇家居住區域
· 哥德式宮殿

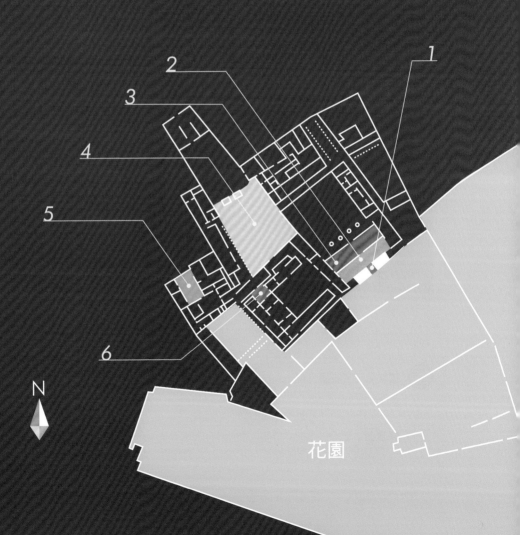

花園

N

Info 塞維亞王宮城堡（Alcázares Reales de Sevilla）

◎ **時間**：10~3月週一～日09：30~17：00、4~9月週一～週日09：30~19：00、
1／1、1／6，耶穌受難節和12／25關閉。

$ **購票**：成人€9.50 ，17至25歲的學生和退休者 €2，殘疾人士、16歲以下的兒童
以及出生或居住在塞維利亞者免費。免費時段：4月～9月18：00~19：00，10
月～3月16：00~17：00，每週一。

西印度群島檔案館藏著珍貴的檔案文獻

與城堡及主座教堂相鄰的西印度群島綜合檔案館，乃改建於一座拍賣廳，館中存放著早期殖民者發現美洲時的寶貴檔案文獻。名為西印度群島是因為哥倫布以為自己到了它計畫中的印度，悲劇的他從不知自己雙腳踏上的是塊新大陸。而哥倫布的這個冒險，使得在大西洋另一邊的美洲，包括牙買加、波多黎各、古巴等以及從墨西哥、哥倫比亞，一直到南端的智利、阿根廷，絕大多數國家，共四億多人，至今仍以西班牙語為官方語言，使西班牙語成為僅次於中文的第二大語言。而且不只母語，這些國家也遵奉其宗教和許多習俗，雖如今無名無形，但實質上卻構成一個真正日不落的龐大西班牙文化聯邦。

塞維亞大學原在香菸廠上

塞維亞大學（Universidad de Sevilla），1950年之後成立在歐洲的第一座香菸廠原址上。據說是菸草工業的開始，讓塞維亞富裕起來的，而菸草跟馬鈴薯、咖啡、香草一樣都是哥倫布由美洲帶回。唱出愛情是一隻自由鳥，敢愛敢恨的卡門，也是這個菸草工廠，3000位捲菸女工之一。原著是愛旅行的法國作曲家，梅里美（P. Merime）將聽到的真實故事，寫成小說，再由卡塞特將她周旋於軍官與鬥牛士之間的浪漫愛情，改編為經典歌劇《卡門》。

06

01 娃娃庭院 Patio de las Muñecas，對於名稱的由來，歷史學家 Rodrigo Caro 在 1637 年推測，可能是因為它是用來撫養孩子的地方，或因為它是一個非常小的院子

02 掛毯廳 Salón de los Tapices，皇家掛毯廠委託 Jacobo Vandergoten Young，在專家監督下製作這些地圖掛毯。1730 年起的十年製作十張掛毯，其中六個在這個房間，另外四個在馬德里

03 穹頂大廳 Sala de las Bóvedas，位於哥德式宮殿，最美麗的地方之一是教堂的壯觀祭壇

04 通往大使廳的馬蹄門精緻而繁複的摩爾風格裝飾

05 少女院子，三面浮雕裝飾著半圓形拱門，周圍四個畫廊，中心是大型水池

06 世界文化遺產西印群島檔案館 Archivo de Indias 與排隊進城堡的人龍

01 塞維亞大學，到訪時，因英國遭恐攻，特降半旗致哀

02 大學內擁有水池的天井庭院，美觀又可降溫

03 大學內阿拉伯風格建築

04 皇家菸廠 Real Fábrica De Tabacos 大學的另一端保留其原址廠門。

　　關於塞維亞大學的作品還有好多，例如美國作家丹・布朗在此上藝術史課的時候，開始創作小說《達文西密碼》，且設定塞維亞為其數字城堡的場景之一。

▌老年神父醫院是座巴洛克式建築

　　老年神父醫院位於聖十字區中心，是一座 17
世紀的巴洛克式建築。內部教堂建於 1689 年，供
奉聖費爾南多三世（ Fernando III ），內教堂有萊
亞爾‧巴爾德斯（ Leal de Valdés ）和盧卡斯‧巴爾
德斯（ Lucas de Valdés ）父子的壁畫。萊亞爾有西
班牙怪傑畫家之稱，此地原為老年神父的住所，目
前為藝術家委拉斯開茲研究中心。1970 年 12 月
31 日列為西班牙文化財產。

塞維亞徒步路線時間規劃

　　我們在塞維亞停留兩宿，第一天，因為旅館老
闆的大遲到，出門散步已是傍晚。這關鍵的幾小
時，使我們無法按計劃在這天進入大教堂。步出旅
館門，索性讓第二個節目，西班牙廣場（Plaza de
España）獨立登場。

05 西班牙文化財產老年神
父醫院

06 聖瑪麗亞馬格達萊納皇
家教區華麗的內裝

Info 老年神父醫院（Hospital de los Venerables）

◎ **時間**：週五～六10：00～18：00。

$ **購票**：週五～六票價 €8，每個月的第一個週四10：00～14：00免費入場。

聖瑪麗亞馬格達萊納皇家教區（Real Parroquia de Santa María Magdalena）

◎ **時間**：週一～六7：45～11：00、18：30~21：00，週日和節假日8：45～ 11：
00、19：30~21：45。

$ **購票**：免費進入。

第一天

🕐 **17：50** ▶ 塞維亞在 1929 年主辦西美展覽，而建了西班牙廣場。廣場中心是一個大噴水池，半圓形的護城河上有許多美麗青花瓷護欄橋樑。

🕐 **18：50** ▶ 離開西班牙廣場後，經過洛佩‧德‧維加劇院，來到塞維亞大學。大學的前身是菸草工廠，曾經為塞維亞經濟繁榮的一大功臣，以及著名的歌劇《卡門》，真實而艷麗的愛情故事場景。

01 人們欣賞著用瓷繪描述的一個個西班牙城市

02 大器的長廊讓人享受清涼與壯麗建築布置

03 運河上划船的人們像在畫中

04 洛佩‧德‧維加劇院 Teatro Lope de Vega 宛若一棟藝術學院

◔ **19：20** ▸ 到了大學，找到預選的餐廳，接著沐浴在餐廳浪漫風尚之中，餐點與環境CP值超高。

◔ **20：50** ▸ 晚飯後，我們特意路過艾方索十三世旅館並非國營旅館，但卻坐擁精緻美麗的建築，然後看見夕陽下金紅亮眼的安達盧西亞行政中心，這棟聖特爾莫宮歷史建築曾是航海家大學的神學院。我們刻意來噴泉建築 Híspalis 旁，卻沒能幸運看到佛朗明哥表演。

01 鄰座像教授的客人點了五顏六色的套餐

02 彩色電車彷彿提醒我們大學老但腳步新穎

03 艾方索十三世旅館每一個部分都裝飾的非常精巧

04 聖特爾莫宮 Palacio de San Telmo 夕照下更顯的巴洛克

05 Híspalis Fountain 漂亮的標誌性噴泉建築，晚上偶有佛朗明哥街頭表演

⏱**21：15** ▸ 趕在日落前一睹黃金塔最金黃的時刻，河畔有騎腳踏車的、坐下聊天的、野餐的，小路夜景變化多，打著燈的裝置藝術、紀念碑。我們還在經過鬥牛場時，為它的巴洛克建築驚嘆不已，續往前走，正好遇見伊莎貝拉二世橋上燈火點亮的一瞬間，彩霞與橋上的橘燈光，配上金色的橋身裝飾，讓在月光下的河邊散步極致完美。

⏱**22：30** ▸ 走回旅館的路上，我們順路去幾個廣場，瞧瞧被三座世界文化遺產建築群圍繞的夜晚，到底長什麼樣？然後經過好幾家人聲鼎沸的餐館。

01 河畔夕陽美景讓趕路的人也不由得不佇足片刻

02 希拉達塔與主教堂的夜，充滿了噠噠的馬蹄聲

03 鬥牛場旁代表貞節的帥氣女騎士 María 紀念碑

04 巴洛克建築的鬥牛場 Maestranza de Caballería，是西班牙最古老的圓形廣場

▌ 第二天

飯店營養豐盛且愉快的早餐後，9：30，我們熟門熟路的經過消防局，繞過穆里略公園，繼續西行來到老年神父醫院。

◎ **10：10** ▶ 沿著小巷子 calle Agua 或與它交叉的更小的巷子，騎車或走路的人來人往，一個轉角不小心就遇見個性商店，或是柳暗花明小巷廣場的早餐店，要不是今天行程滿滿，一定進去嚐鮮。

◎ **10：30** ▶ 不知不覺來到聖母國王廣場，被一群風格迥異的古建築包圍，紅的白的以及佔地最廣的主座教堂。接著加入漫長的排隊人龍，準備從獅子門購票進入今天的重頭戲，城堡與流水花園。

🕚 **11：20** ▶ 進入城堡之前，排隊中被義大利加西班牙人的超級熱情，逗鬧得笑翻，但前面的法國人覺得他們的瘋狂，干擾到人們的清靜，拼命搖頭嘆氣，我們卻因此排解了 4、50 分鐘等待時間的無聊。

從畫廊博物館開始參觀，城堡的拜訪充滿了變化性，門票真超值，尤其若你是《冰與火之歌：權力遊戲》劇集的影迷，看見流水花園片中多恩國的場景，應該會如我們般喜出望外。

🕒 **15：30** ▶ 走了約三個半小時，才離開城堡，但此時飢腸轆轆的我們，渴求一個歇腿與補充能量的地方。我們憑經驗，快速地選了一間聖十字區的

01 城堡入口獅子門 puerta del León

02 畫廊除了古畫作，也有如聖女德洛斯納維根特斯祭壇的許多珍品

03 園內處處有精緻的景致

04 充滿奇幻氣氛的 Baños de Doña María de Padilla 藏在很隱密的隧道裡

Tips

西班牙餐館吧檯有時需站著吃，但可用手指點餐，較快速吃到食物。

餐廳，直接穿過它擁擠的桌椅區。兩人站到吧檯前，先點兩杯啤酒，再經旁邊，會讀心術的西班牙人幫我們點跟他一樣的 Tapas。帥氣的服務生將我們點的菜用粉筆，寫在玻璃櫃上記帳，只需 30 分鐘，我們又成了兩尾活龍，準備再戰。

◎ **16：00** ▶ 重新走在永遠不會寂寞的塞維亞街頭，到處是享用 Tapas 的團體。西班牙人喜歡穿著打扮相同圍著騎樓下的小桌椅，一群人為一個不同打扮的人慶賀，慶祝主題包羅萬象，例如變胖。

經過主教堂附近一個美麗的半圓形小廣場 cabildo 和 Constitución 大道上，型態各異的精美建築樓房讓人眼花繚亂，而奇特的亞得里亞海建築 Edificio de La Adriática 就位於兩街交角，循著電車軌道，我們繼續往前，在法蘭西斯科廣場前欣賞市政廳銀匠風格建築後，沿著希爾佩斯 Sierpes 街瀏覽各式櫥窗和甜點店。

05 葡萄牙來的慶祝同伴恢復單身的團體

06 cabildo 廣場整棟半圓形的美麗花式建築

07 像彩繪塔，但是真立體的彩色美麗尖高塔樓 Edificio de La Adriática

08 市政廳前，一對準備表演佛朗明哥的男女

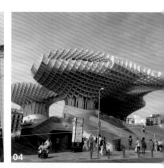

🕐 **17：00** ▶ 到了兩棟巴洛克建築，薩爾瓦多教堂與和平教會相對競豔的廣場，我們選擇走入 Cuna 街，一路被珠寶店和甜品店陪伴到雷布里哈伯爵夫人宮，這時候必須面臨抉擇，是去小劇場看佛朗明哥表演，還是走到河對岸，在塞維亞最道地的特里亞納區平民老街漫步。

🕐 **17：20** ▶ 我們決定在天黑前多走一些路，因為塞維亞的街道超好逛。到達由德國建築師于爾根・邁耶（Jürgen Mayer 設計的都市陽傘，號稱世界最大的木建築。）我們在此乘涼了一會兒，經過 Joyería Casa Ruiz 珠寶店，聖瑪麗亞馬格達萊納皇家教區教堂，華麗的內部建築，讓疲憊的我們心情振奮了起來。然後進入名為「峽谷裡的燻肉」的市場，無論想吃各種海鮮或生蠔，還是西班牙的燉馬鈴薯厚蛋餅，以及各式 Tapas、三明治，任君挑選，樣樣令人垂涎。

01 和平教會 Iglesia de la Paz 兩個尖帽子醒目極了

02 雷布里哈伯爵夫人宮 Palacio de Lebrija，博物館內有古羅馬的馬賽克磁磚與穆德哈爾、古塞維亞磁磚

03 購票入場觀賞佛朗明哥舞蹈、吉他、擊掌與歌聲的現場表演

04 都市陽傘 Metropol Parasol 號稱世界最大的木建築

05 這市場的美食讓我們覺得應該多留一天給塞維亞

◎**18：40** ▶ 終於踩在伊莎貝拉二世橋的橋面，一走完橋到達對岸的特里亞納區，就看見一間果如暱名所稱的，打火機教堂，它是卡門禮拜堂。再過去一點兒，熱鬧的阿爾托扎諾廣場邊，豎立著胡安貝蒙特雕像，續往河岸邊的彩色老房子，餐廳外盡是愉快度週末的人們。短短幾百公尺的岸邊，我被一位女士、一群翹腳客、一位穿大鼻子服裝女孩，幾組快樂的人們爭相邀請合照，讓我們這河岸邊的散步變得充滿歡笑聲。

◎**19：50** ▶ 再從聖特爾莫橋走回古城區，挑選一條還沒走過的路，看見一大群接著一大群，著華服參加完婚禮的賓客，從白色聖母瑪利亞教會走出來。我們姑且在旁邊餐廳，點幾套解渴的啤酒加 Tapas 當晚餐吃，好好在騎樓坐下，休休息看看人，再回到聖十字廣場聽段戶外吉他伴奏演唱，就該甘心的回旅館洗去今天的疲倦，抱著滿滿的聽聞入睡囉。

我們吃

除了前面提過的阿拉伯餐廳，我們用 Tapas，在塞維亞省去很多的用餐時間。

我們住

Life Select San Bernardo（地址:Calle Campamento, 3, 41018 Sevilla）兩晚含早餐臺幣 4829 元。

我們直接把車子開到旅館附近，幸運的在附近找到免費停車位，從旅館還能看見我們的車子，早餐有專人廚房現做荷包蛋與咖啡，其他還有優格、水果、麵包、火腿、果汁等，營養均衡衛生可口。房間浴室都很明亮寬敞，客廳很大，網路很好用，唯一缺點就是老闆讓我們等了兩個多小時。

01-02 夏天走累最想喝的是冰啤酒，若 Tapas 好吃就有賺到了的感覺。啤酒 +Tapas 組合三份與單點魚 Tapas，共 € 10.7

03 點餐不識字還可以看圖點餐

04-05 早餐豐盛，公用客廳舒適

Tips

點菜單字

當地有很多適合下酒的特色菜，有炒或是燒烤的海鮮，例如魷魚 Calamar、章魚 Pulpo、劍魚 Pez espada、狗鯊魚 Tiburón perro，以及烤肉 Barbacoa、安達盧西亞火腿 Jamón ibérico、鷹嘴豆 Garbanzos、蝸牛 Caracol。

Chapter 6

科爾多瓦 Córdoba 嘉年華

西元前 113 年，這裡已存在一個古羅馬廣場，如今大英博物館裡，存有當時被埋在此城裡，與羅馬傳統藝術結合的寶藏。

▰ 科爾多瓦是歷史悠久的古城

　　科爾多瓦是歷史悠久的智慧古城，依尼安德塔人的遺體證據，最早有人類居住可追溯至西元前 42,000 ～ 35,000 年，西元前 1000 年，人口約為 50 萬人。

　　在 9 和 10 世紀，此地基督徒和猶太人共同參與皇家法院和城市的生活智慧，成為世界上最重要的城市之一，在 10 到 11 世紀，不但是世界上最先進的城市之一，也是一個偉大的政治，文化，經濟金融中心。但自 1002 年起，一連串內鬥、暗殺，以致科爾多瓦到 1031 年，失去了繁榮與名聲，執政者以智力高、懶惰而聞名。

大教堂原是清真寺改建

　　完全融入現代城市的清真寺 - 大教堂，建於 7
世紀，跟其他城市主教堂最大不同在於，當初它
是一座天主教教堂。西元 750 年，穆斯林倭馬
亞王朝家族繼承人，阿卜杜拉赫曼一世（Abd-ar-
Rahman I）來到科爾多瓦自立為王，並以此為王朝
首都。這位君主協助了天主教徒重建他們的教堂，
並在教堂的臨邊，興建了一個伊斯蘭建築風格柱式
大廳，在當時，阿拉伯人是世界上最頂尖的工程師
之一。他們採取「雙拱」系統，超過 850 根圓柱，
宛若森林地重重包圍着教堂，使兩座不同宗教的建
築，完美合而為一。

　　13 世紀時，費爾南多三世（Fernando III）下
令將清真寺改成大教堂，還好當時的建築師保留了
清真寺的美麗特色，修復到十六世紀完工後，變成
集回教、天主教建築風格的大教堂。一千多年來幾
次改建，卻次次完美整合，兩教建築風格的紋飾和
結構沒有被破壞，如今，鐘樓上依然豎立著伊斯蘭
風格的塔尖，與天主教的天使，一同俯瞰整個歷史

01 聖瑪麗亞聖阿瓜斯教堂，
每天 8：30～12：00，
18：00～20：00，免費

02 層層疊疊的精細繁複建
築，象徵伊斯蘭教徒對阿拉
真神的永恆之愛

Info 大教堂（Mezquita-Catedral）

◎ **時間**：
　　教堂：週一～六10：00～19：00，週日8：30～11：30、15：00～19：00。
　　塔樓：每半小時一個梯次9：30～13：30、16：00～18：30。

💲 **購票** 週一～六 8：30 ～9：30大教堂正式開門前，會先做清潔，此時會讓遊客
　　免費進入，但9：15開始清場。教堂 €10，塔樓€2，10歲以下兒童、在此地出生
　　者與居民免費。

古城。1984 年列入世界文化遺產，後於 1994 年，
與科爾多瓦歷史中心合併列入世界文化遺產。

充滿驚喜愉悅的散步

　　前一個城市的臨時停留與接受採訪，到達此地
已是傍晚時分，急著要將車停到計畫中南岸的免費停
車格時，又逢嘉年華會擴大禁制區，無法接近城內，
只好將車子向北開去，實際開始徒步已是下午五點。

　　◉ **17：00** ▸ 基督徒覺得阿拉伯人的庭院視野不
夠開闊，遂開闢很多廣場，個個布置精彩。漫步其
中不時收到驚喜，愉悅的心情，讓人走好幾公里也
不覺疲累。首先經過聖瑪利亞廣場聖阿瓜斯教堂，
接著到角的門廣場上遇見澆花的女孩雕塑後，來到
貝利奧巷口時，一個華麗階梯景緻開展於右邊，最
高處是貝利奧之家，在整個歷史多次轉承下，此建
築物有過多種用途。目前，它連接安達盧西亞生活
圖書館和貝利奧宮殿。不久到達民宿，放下輕便行
李，便至巷口用餐。

03 馬諾萊特紀念碑
Monumento a Manolete 位
於聖瑪利亞廣場上

04 貝利奧之家 Casa del
Bailío 與宮殿飯店

05 角的門廣場 Plaza Puerta
del Rincón 上，澆花的女孩
雕塑維妙維肖

06 大街小巷店面的伊斯蘭
風格花紋色彩鮮豔

🕗 **20:00** ▶ 在科爾多瓦大街小巷裡散步，勿忘偶爾探頭觀賞傳統房子的內部。這種在安達魯西亞的獨特建築，寬敞美麗的玄關，裡面便是有噴水池的庭院，可能是咖啡廳、充滿色彩斑斕植物的美麗花園。雖然是開放式，但是十分安靜隱密，只要花個 2～3 歐，就能在阿拉伯傳統庭院中吃道早餐，很有異國情調。

🕗 **20:30** ▶ 一路往古羅馬橋對岸走去，看著各式的傳統華服與歡樂的人們，起初我邀請盛裝打扮的女孩拍照，後來想到穿這走路不方便，且會比較熱，媽媽們是如何讓女兒們就範同樂的？所以，我開始邀請快不耐煩的小孩拍照，當這些小朋友燃起燦爛的笑容，我感到自己成功地幫媽媽們證明：「你穿這樣好漂亮，惹人喜歡」。讚美了這麼多的美眉，最後我們在嘉年華會場的大帳篷裡灌了一大壺啤酒，放鬆解渴，這才甘心往回走。

Tips

庭院嘉年華 & 科爾多瓦博覽會

1. 庭院嘉年華 Festival de los patios en Córdoba，每年五月初，為期 13 天。

2. 科爾多瓦博覽會 The Fair of Cordoba 通常在 5 月底舉行，是為他們的夫人拉薩德的盛宴。騎馬者和穿著吉普賽服裝的男女佈滿露天市場。

01 主教座堂 Obispado de Córdoba 與羅馬橋，權力遊戲的導演取景此處，僅加古厝於橋上，古老異國便渾然天成

02 美麗的玄關歡迎人們光臨阿拉伯庭院裡早餐

03 博覽會埃爾阿雷納爾的特別展覽場地

04 馬車禮帽禮服還有歡樂的笑容，妝扮完成！

05 頭帶著誇大的花或衣服有大朵的花，就是應景服裝了

06 帥氣的騎馬英姿

07 聖約瑟和聖靈教區 Parroquia de San José y Espíritu Santo 建築本身也熱鬧得很

次日 7：50，從鄰近的民宿來到大教堂外，準備排隊免費進入那如森林的雙拱圓柱中。

🕤 9：30 ▸ 離開教堂才在橘子庭園、水池附近，平復一下剛才被兩種迥異宗教風格，卻能如水乳般交融而激動的情緒。

接著，先去小迷你廣場附近，拍得以鐘樓為背景的著名百花巷。再到文化中心，免費進入簡單布置的阿拉伯庭園，續折回教堂西北邊猶太街區。此區是這裡最古老的地方之一，猶太人因當時為主要經濟力量，在伊斯蘭統治下地位頗高。但天主教統治不久，便把他們趕出西班牙，目前留下最完整的遺跡，只剩一座 14 世紀興建的猶太會堂。

01 有些角度可以為兩種宗教建築的溫柔融合而感動

02 仔細觀察天主教教堂的部分，似乎有伊斯蘭教的無窮繁複影子

03 鐘塔樓以伊斯蘭教風格為主體，只在塔頂上放一個天主教天使裝飾

04 金碧輝煌又繁複無比的雕刻，是最典型的伊斯蘭教風格

Tips

免費進入的時間緊迫，請攜帶入口的
GPS 37.879618,
-4.780336 比較保險

05 主教座堂牆外與鐘樓 Torre Campanario，
夏季一早便充滿陽光的金色

06 以鐘樓為背景的百花巷

07 逛逛猶太商店街 Calle Judería

08 免費進入文化中心 Casa Árabe 博物館，
欣賞穆德哈爾式庭院、神奇地磚、噴水池與天
花板

01-02 小馬廣場 Plaza del Potro 狹長別緻，前方為聖拉斐爾凱旋柱

03 柯蕊德拉廣場 Plaza de la Corredera 曾是鬥牛場，如今乃市集和酒館集中地

04 各式食物都有，大小攤位老闆熱情親切

Tips

免費停車位 GPS 37.87642, -4.776 特色菜 salmorejo cordobes 是一種由馬鈴薯泥番茄與各式蔬菜做成的燉菜，通常都會有煎蛋或水煮蛋在上面。

🕙**10：30** ▶ 離開民宿，背上輕便行李，先到小馬廣場，此地因為唐吉軻德一書提及的小馬客棧 Posada del Potro 而聞名，客棧現仍營業。

取車前，我們決定在安達魯西亞僅存西班牙傳統封閉式廣場的柯蕊德拉廣場用個午餐，餐後逛旁邊大市集，買水果當車上零食，再慢慢離開數千歲的科爾多瓦。

Chapter 7

托雷多古城 Toledo

伊比利亞半島最大的河流塔霍河（Río Tajo），環抱托雷多整個古城外的東、西與南邊。西元 192 年，羅馬古城便於此建立。

▰ 托雷多古城如一部人類建築歷史書

　　1085 年，距離西班牙基督徒完全光復失地還有四百多年的時候，托雷多便已完成收復。在阿方索六世（Alfonso VI El Bravo）的統理下，猶太人、基督徒與回教徒各族群和平共處，乃至如今我們還可以看見以羅馬建築為主，兼有阿拉伯穆德哈爾式建築於其中，使得托雷多擁有古羅馬式、哥德式、摩爾式、巴洛克式的王宮、修道院、教堂、博物館古老建築，總數超過 70 處。整座古城即是一部人類建築歷史書，在 1987 年，被聯合國教科文組織評為世界文化遺產，長居西班牙歷史文化及宗教中心。

托雷多主要景點宛如西班牙古書

　　即使是急著置身於三種文化的混合式古建築之中，開車來到托雷多的附加福利，必得從城外幾處獲得。

▌山谷瞭望台 Mirador Del Valle

　　當天，我們抱著城外務必多留時間佇足的概念，按計劃依次到三處觀景點附近停好車，再優雅的享受托雷多最經典的畫面。如果真的時間不夠，僅能擇一欣賞古城，建議你選擇位於國營旅館下方的山谷瞭望台從城外南邊遠眺托雷多，目睹古城區與塔霍河最曼妙的完美歷史影像，宛若翻開一本西班牙古書。

01 托雷多處處可見的盾形紋章，據說是由查理五世授予

02 阿爾坎塔拉城門 Puerta De Alcántara

03 聖馬丁橋 San Martin's Bridge

Tips

免費停車：
山谷瞭望台、阿爾坎塔拉城門 GPS 39.8603, -4.018、聖馬丁橋 GPS 39.85666, -4.03415 三處觀景台附近都好停車且免費。

穿越歷史軌跡的聖母主教座堂

城內最主要的景點是西班牙托雷多天主教總教區的主教座堂——聖母主教座堂，始建於1226年，蓋了250多年可謂穿越歷史軌跡的古教堂。從繁複精緻、重裝鑄鐵的外觀，便可窺見托雷多主教曾經擁有的巨大財富乃至於軍隊。當時，虔誠的天主教女王伊莎貝拉一世，收復失地的大工程，便以此為最大後援，擁有三拱式拱廊的多葉飾拱門，哥德式主教座堂，其實是以主教座堂覆蓋從前的清真寺，以修道院覆蓋從前一座，伊斯蘭建築的庭院。因此，修道院中也還留有穆德哈爾風格的一些元素，建築群中，還可見到同時有浪漫、新古典主義和巴洛克風格的西班牙天才畫家—艾爾‧葛雷柯（El Greco）的畫作，對於熱愛宗教藝術的人們而言，光是親臨這些作品就已值得，另外內部尚有聖布拉斯教堂、禮拜堂、鐘塔、博物館、聖器室等。

04 教堂左邊為哥德式火焰塔，右邊為文藝復興式圓頂

05 教堂正面是審判、地獄、赦罪三道大門。

Info 聖母主教座堂（Santa Iglesia Catedral Primada）

◉ **時間**：8：00~18：30，鐘塔限時開放參觀，總參觀時間2~4小時，因人而異。

💲 **購票**：聯票票價 €12.5。

❗ **小提醒**：門票需在教堂入口對面的市政廳，一樓附設遊客資訊中心購買。

聖若望皇家修道院

歷史悠久的天主教方濟各會修道院—聖若望皇家修道院，供奉聖若望。由卡斯提亞女王伊莎貝拉一世和阿拉貢國王費爾南多二世興建於 1477 年，為慶祝他們的兒子胡安王子的出生，以及在 1476 年，決定性的托羅戰役中，戰勝葡萄牙國王阿方索五世，開啟兩國合併之路。該修道院和教堂完成於 1504 年，選擇位於西班牙地理中心的托雷多猶太區中心興建，因此也是西哥德王國的故都，最突出的部分是修道院的兩層迴廊，樓下是晚期哥德風格，樓上則是穆迪哈爾建築風格。雖在戰爭中，修道院約五分之四已經損毀，但它仍是欣賞西班牙和阿拉伯建築風格融合的好地方。

01-02 從階梯走進入口處，就能目睹哥德式與穆德哈爾式兩種風格的交替顯現。

位於最高處的托雷多王宮城堡

托雷多王宮城堡，位於托雷多的最高處，原址在西元 3 世紀便是羅馬宮殿。這座看起來很新的石砌城堡，1936 年西班牙內戰期間，莫斯卡多上校據守城堡，抵抗西班牙第二共和國軍隊的圍攻。為使上校投降，共和黨人威脅將殺死其 16 歲的兒子路易斯，但英勇的莫斯卡多電話中要其兒子做好犧牲的準備，自己堅守城堡，共和黨人只得繼續猛

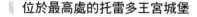

Info 聖若望皇家修道院（Monastery of San Juan de los Reyes）

◎ **時間**：3／1～10／15，10：00～18：45、10／16～2／28，10：00～17：45。

$ **購票**：每人€2.80

烈圍攻，城堡建築遭到嚴重破壞，也因此內戰使該
建築成為西班牙民族主義的象徵，重建至今，內設
有卡斯提亞‧拉曼恰自治區圖書館，以及軍事博物
館。

03-04 位於托雷多最高處的
王宮城堡，金碧輝煌

05-06 聖多美教堂開放時間
比較晚，喜愛藝術的朋友不
妨把握時間參觀

藏有曠世巨作的聖多美教堂

聖多美教堂除了外觀的穆德哈爾式塔樓，其教
堂的附屬建築裡，藏有艾爾‧葛雷柯（El Greco）
的曠世鉅作《奧爾嘉茲伯爵的葬禮》，畫中，除了
偉大作品的張力與涵義之外，不妨找一下畫面中，
注視著欣賞者的兩個人，一位是來自希臘定居在此
的畫家本人，另一位是他的兒子。

Tips

若旅館離位於城東的
城堡較遠的話，可開
車至其旁的室內大停
車場 Garaje Alcázar
GPS 39.857392,
-4.020267，方便逛城
堡周邊，停車場工作
人員服務很親切友好。
兩小時收費€ 1.8。

Info 托雷多王宮城堡（Alcázar）

◎ 時間：11：00~17：00。

💲 購票：週日免費入場，平日€5。

聖多美教堂（Iglesia de Santo Tomé）

◎ 時間：3／1~10／15，10：00~18：45。10／16~2／28，10：00~17：45。

💲 購票：每人€2.8。

原為慈善機構的聖十字博物館

聖十字博物館，銀匠風格建築，原為收容救助病人和孤兒而興建的慈善機構。現在聖十字博物館已是艾爾‧葛雷柯等，多位畫家作品的美術展館，與考古學展館。

01-03 聖十字博物館 Museo de Santa Cruz

Info 聖十字博物館（Museo de Santa Cruz）

◎ **時間**：9：30～18：30。

$ **購票**：每人€4。

艾爾‧葛雷柯博物館（Museo del Greco）

◎ **時間**：3／1～10／31週二～週六9：30～19：30，11／1～2／28週二～週六的9：30～18：00，全年週假日10：00～15：00。

$ **購票**： 每人€3。

令人豁然開朗的徒步路線規劃

結束阿蘭蕙斯皇宮內與周邊公園的行程後，我們開了約 50 公里，比預約時間早 10 分鐘，來到托雷多西邊城外的餐廳。

◉ **14：45** ▸ 因為離托雷多的第一景已經不遠了，加上外頭太陽真是太大，我們躲進已超過 100 歲的古老餐廳裡，享受緩慢的用餐時光。來自巴塞隆納的老闆，兼任廚師，50 歲頂下餐廳，營業已 10 年多，幽默風趣，親切誠懇地以英文介紹每道菜，一人服務內外場，難免讓客人久候。

◉ **16：20** ▸ 車子續停餐廳外，我們從聖馬丁橋，穿過城門走進古城內，決定先來個小區域瀏覽。經過貼有猶太符號磁磚的古老階梯，首先瞧見伊莎貝拉一世女王白色精緻雕像，前方便是聖若望皇家修道院。

再循著有如電影場景的窄路前行，眼前豁然開朗的廣場上，右邊是托雷多藝術大學。在這裡，遇到一個很漂亮的彩陶展覽，有位年輕人熱心地為我們介紹，原來展場的作品，全都是他住在馬德里的藝術家媽媽，親手設計並燒製的。之後，我們被對面另一座穆德哈爾式建築物——Antiguedades Linares 吸引，包括建築物本身，整棟樓房裡裡外外都是古董，看到好多值得收藏的古物。此後，我們回頭經過修道院的入口售票處，稍事休息，便出城開車。

04 從城內很多地方都能看見聖若望皇家修道院哥德式火焰建築

05 托雷多常見猶太區的標示，希伯來語的「西班牙」

06 七分枝燭台是猶太教會標誌，也是以色列國徽

07 希伯來語，是西班牙語 la vida，生活的意思

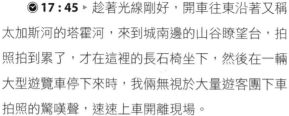

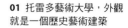

🕗 **17：45** ▶ 趁著光線剛好，開車往東沿著又稱太加斯河的塔霍河，來到城南邊的山谷瞭望台，拍照拍到累了，才在這裡的長石椅坐下，然後在一輛大型遊覽車停下來時，我倆無視於大量遊客團下車拍照的驚嘆聲，速速上車開離現場。

🕗 **18：25** ▶ 5分鐘不到的車程，便可到達阿爾坎塔拉門（Puerta de Alcántara）。此時，在這裡遠眺位於托雷多最高處的王宮城堡，正是城堡被陽光照得發亮的時候，讓人倏地有念思古幽情之感。配著橘紅色美麗的阿爾坎塔拉門後，也是一條跨越塔霍河的橋，在城外這頭的空間比較小，被美景迷昏頭之際，也要當心西側的來車！

🕗 **18：50** ▶ 我們把車開到了比薩格拉城門（Puerta de Bisagra），有很大的紋章在城門上的北城門，附近車水馬龍，公車站亭路線不少。我們在此欣賞了城門許久，緬懷曾經叱吒戰場的托雷多主教軍隊，這才慢慢驅車前往古城內。

01 托雷多藝術大學，外觀就是一個歷史藝術建築

02-03 在藝術學校穆德哈爾式建築內，遇見來自馬德里的各式現代彩陶展售品與作者的兒子

04 這古董收藏品店，是一座已經傳了八代的穆德哈爾式古建築，免費參觀

05 比薩格拉城門厚重精緻的古城門

06 07 08 09

◉ **19：50** ▸ 因為今天從早上就奮力地趕了好多路，所以，一到旅館，我們迫不及待的用按摩浴缸，享受個完全放鬆的澡。然後，在旅館餐廳裡，各飲了一杯迎賓紅酒，才再次投入托雷多的街道中，而此時曾經富庶一方的古城，夜色已深，很寧靜。由於嚴格的拖吊制度，大家都不敢亂停車，古街道寬敞而乾淨，景觀更形美麗，為此，我們願意原諒稍早找不到車位之苦。

◉ **8：00** ▸ 次日早上，雖然有多項選擇，但如果要入內參觀，最早是 9：30 的聖十字教堂，動線也是需考慮的問題之一。所以，我們決定離開旅館後，直接把車子開到昨天還沒深入的城堡區，預計花兩個小時，好好把這小區走走。

停好車，就走到城堡的東邊，可以看見整座城堡與它的之字階梯花園，園外居高臨下的風景壯觀。接著便到城堡北側的軍事博物館，還有銀匠風格的古老聖十字教堂與熱鬧的索科多瓦廣場（plaza de zocodover），還在穿越血之弓（Arco de la Sangre）之後，巧遇《唐吉軻德傳》作者塞萬提斯（Cervantes）先生雕像，我剛開始以為會找不到呢！

索科多瓦廣場

如果有住宿城裡，將車停於東邊城內 APARCAMIENTO MIRADERO 停車場，可以用 € 13 的優惠價停 24 小時。再徒步 350 公尺，便可來到索科多瓦廣場，廣場上有造型討喜的紅色導覽小火車 Toleda Train Vision Zocotren，帶你到很多景觀優美的地方，有多國語言導覽，對於時間不多，或是想要節省腿力的人，是一個便宜的好方法。

在北城門附近停車的旅者，有貼心配套設備 Toledo escalator，此手扶梯可以讓你輕鬆的上升到古城內，省去一大段爬坡的辛苦。

若是從聖馬丁橋進出西邊城門，不妨順道玩一下跨越塔霍護城河的滑索，Fly Toledo，能在世界

Tips

APARCAMIENTO MIRADERO 東邊城內停車場，GPS 39.86118, -4.02062

Tips

紅色導覽小火車 Toleda Train Vision Zocotren，GPS 39.859627, -4.021383，夏季開放時間 10：00~20：00，周六到 22：00，一趟 30 分鐘€ 4.4。

Tips

北城門附近停車場有多個，例如 Parking de Recadero，GPS 39.862027, -4.027459

Tips

Toledo escalator，GPS 39.861830, -4.027480

Info 托雷多之飛翔（Fly Toledo）

◎ **時間**：11：00~20：00。

$ **購票**：每人€10。

文明遺產的古城護城河上飛翔，應該是一個很特殊的體驗吧！

我們吃

El Fogon Del Quijote ：城門外的平價小餐館，老餐廳門面裝飾著屬於托雷多的傳奇小説主角剪影，內部裝飾古樸，有濃厚歷史氛圍，食物也以傳統作法為主。午餐提供€ 12 套餐：麵包 + 葡萄酒或水 + 橄欖，前菜（甜椒鑲豬肉，肉醬義大利麵……）+ 主菜 Plato 有醬燜豬肋排，鷓鴣 + 甜點（自製奶酪與水果果醬、西班牙豆腐、檸檬慕斯）。食物豐盛、食材實在，作法道地，以其價位而言，物超所值，尤其方便像我們這種規劃先於城外觀光再進城的飢餓旅客。

01 索科多瓦廣場上遊客導覽火車 Toleda Train Vision Zocotren

02 紅色小貨車即是滑索 Fly Toledo 的售票處，購票後，年輕老闆從車內取出裝備，送客人至岸上方城邊，掛上滑索後，放你一路尖叫到對岸城外

03 托雷多的特有點心 Mazapan 杏仁水果糕餅

04 托雷多特有的金銀鑲嵌細工藝品

05 唐吉軻德傳說故事場景以托雷多省為主，城內到處可見兩主角的工藝品或圖像

Tips

托雷多豐富多樣的特色菜名秘笈：

venado con setas 鹿肉蘑菇，perdiz estofada 燉鷓鴣，codorniza la toledana 托雷多風味鵪鶉，Truchas a la toledana 托雷多風味河鱒，cochifrito de cordero 燒羊肉，jabalí 野豬。

Chapter 8

中了魔法的昆卡 Cuenca

昆卡省省會，舊城於西元 1996 年，以「Historic Walled Town of Cuenca」登錄名，
意即歷史悠久的昆卡寨鎮，列入世界文化遺產。

昆卡古城歷史與建城淵源

　　昆卡古城位於胡卡河（Río Júcar）和惠卡河（Río Huécar）交匯處，大多
數人以為是河川沖刷侵蝕而成的斷崖險壁景緻壯觀，讓它被稱為「中了魔法的
城市」。其實，造成今日的景觀，還包括摩爾人開始佔領伊比利半島的土地後，
在 714 年時，因睿智地看出其戰略地位，在此無人居住的地方，於兩河峽谷間，
挖出 1 公里長的牆，方才建立此城。

　　果然，基督徒的收復運動在此地進行得非常困難，自 1076 年基督徒阿拉
貢軍隊圍城開始，一百年間，屢次攻佔未成。直至 1177 年的 10 月，退避至

城堡中的城市指揮官阿布・伯克爾率領的部隊，在多年以來，失去托雷多與非洲等後援後，終於不敵基督徒的大批進軍，方被征服。

如今，昆卡很多安靜的景點，是很適合放空或思考人生方向的地方，當然，高低差懸殊可謂莫測高深的景觀，是畫家更是攝影者的靈感與創作的來源，這結合歷史、藝術、文化加上無敵驚悚景觀的昆卡，堪稱西班牙最美麗的城市之一。

西班牙第一座哥德式教堂

卡斯提亞國王阿方索八世，自1177年征服了昆卡，便開始找尋蓋大教堂的地點，最終選中原來主清真寺的位置。在1183年，架設了大教堂供奉聖瑪麗亞和聖朱利安，雖說此原始大教堂是西班牙第一座哥德式教堂，但從時代的藝術演變來看，整座教堂，各種建築風格都不難找到。

驚悚刺激的懸吊屋

舊城位於兩河之間的山脊上，多年來河水沖蝕斷崖深谷，山脊上的房屋因岩石風化而像是懸掛在懸崖邊，因此昆卡古城最著名的風景名勝是建於懸崖邊緣的懸吊屋。白天夜裡兩樣風情，登高或從山

01 昆卡撲朔詭譎的街道古老戰事痕跡歷歷

02 昆卡大教堂是西班牙的第一座哥德式教堂，而外部有著巴洛克式的牌樓

Info 昆卡大教堂（Cathedral de Cuenca）

◎ **時間**：10：00~19：30。

$ **購票**：教堂€4.8，寶藏博物館€3.5，教堂＋拱廊€6.3，教堂＋寶藏博物館＋拱廊€8。

01 10：10 紅色聖保羅橋下小路仰望，掛在岩石上的陽台令人驚奇。GPS 40.078244, -2.127686

02 11：20 城堡區觀景台俯視，擔心它要跌入山谷。GPS 40.081970, -2.123361，Mirador Barrio del Castillo

03 14：30 陽光正大的時候，孤寂而堅定的懸吊屋。GPS 40.078313, -2.128214

04 22：00 等到華燈初上，在天空成靛藍色的時候，佇足一久，彷彿魔法上身

05 昆卡博物館 Museo de Cuenca

谷仰望，無怪乎有中了魔法的古城之稱。

▌ 不同時間拍攝懸吊屋會有不同樂趣

不同時間與位置看懸吊屋，會有不同的畫面與樂趣。可以看出懸吊屋同時是一座現代抽象藝術美術館（Museo de Arte Abstracto Español）。

Info 懸吊屋（Casas Colgadas）

◎ **時間**：週二～週五11：00～14：00，16：00～18：00，週六11：00～14：00，16：00～20：00，週日、假日11：00～14：30，週一休息。

💲 **購票**：免費參觀。

昆卡博物館（Museo de Cuenca）

◎ **時間**：9／16至7／14，週二至週六10：00～14：00、16：00～19：00，週日10：00~14：00。7／15～9／15，週二～週六17：00～19：00，週一休息。

06-07 聖保羅橋連接著懸吊屋與聖保羅修道院

聖保羅橋最適合觀賞懸吊屋

直線式的聖保羅橋（Puente de San Pablo）全長 60 公尺，橋墩由先前遺留下的方石所構成。為了疏通位於惠卡河（Huécar）峽谷兩側聖保羅修道院與古城的交通，1533 年及 1589 年間由大教堂的教士胡安・德爾波索（Juan del Pozo）發起，最初以石頭建造，橫跨惠卡河，倒塌後，於 1902 年使用鋼鐵與木材呈現現今樣貌，為昆卡城遺產的一部分，站在橋中央，會很害怕，但是最適合觀賞懸吊屋的地點之一。

令你瞠目結舌的景觀

昆卡古城腹地不大，但是景觀與結構變化多端，使人們在古街散步一不小心便會遇到令人瞠目結舌的景觀，在此介紹幾個，值得坐下來，細細品嘗當地特色食物與景觀的廣場。

主廣場

擁有最寬敞景深的主廣場（Plaza Mayor de Cuenc），彩色樓房列隊在古市政廳的兩旁，另一端則是彷彿用巴洛克式牌樓宣告主權的主教堂。

廣場上，不時有紅色導覽車經過，在陽光充足的時候建築物最美。所以，很多人都在大陽傘下點著冰涼飲料，昏昏欲睡的欣賞這裡鮮艷美麗的一景一物。

梅賽德廣場

梅賽德廣場（Plaza de la Merced），小小廣場卻被好幾個歷史地標包圍著，從一角的斜坡走上來

01-02 市政廳 Ayuntamiento 兩面色彩差異很大

03 聖朱利安 Conciliar 神學院 Seminario Conciliar San Julián

04 梅賽德教堂和女修道院 Iglesia Convento de la Merced

05 剛才我們被一群好奇又熱情的學生包圍，直到他們進教堂

有驚鴻一瞥的喜悅。三位劇組人員，兩天在這裡來回勘查許久，又跟內部行政人員交涉很多，我預測此地已被某影集或電影選作其中一個場景了。

巴西廣場

巴西廣場（Plaza de Obispo Valero）是在十字教堂這邊的小廣場，也有很多觀光客在喝飲料、聊天、休息。

另外，在卡門廣場（Plaza del Carmen）的上方，也有一個視野超好的平台，除了一些現代展示之外，還豎立著一個高塔。

續往西南邊走可以來到一個充滿兒童嬉笑聲的聖胡安公園。

06 阿方索八世雕像

07 十字教堂 Cross Cathedral 宛如廣場的美麗護牆

08 健行路線很多，條條美景如畫

09 Torre de Mangana 豎立在藍天下的高塔

Tips

制高處開車可免費停 GPS 40.082030, -2.123817

01　02　03　04

05

06

我們吃

Restaurante El Secreto：餐廳布置現代彩度活潑感，落地窗面對峽谷，用餐心情好。從自製大蒜黃油抹醬與迷你吐司、一杯紅一杯白酒開始，我們各點千層肉醬麵、海鮮馬鈴薯、牛排、旗魚排、甜點綜合水果與水果派，又是個吃太飽的美味結局。豐盛的兩份當日套餐共€ 27。

特色料理與甜點介紹與單字

Alajú： 為昆卡傳統的阿拉伯甜點，外層糯米紙可食，內層包杏仁及蜂蜜。

Ajoarriero：此道冷盤以馬鈴薯、橄欖油、蛋、鱈魚及大蒜、辣椒製成，多搭配麵包享用。

Morteruelo： 為昆卡最具代表性的料理，用豬肝和其他成分製成，如火腿，雞肉，鷓鴣或兔子的肉泥、燉菜、香料和麵包屑，混合而成似鵝肝醬的料理。

Zarajo：為一道烤羊腸串的風味佳餚。

01-04 Restaurante El
Secreto 餐廳的餐點美味可口

05 餐廳布置頗富現代感

06 羊肉串烤 Zarajo

81

Chapter 9

聖地亞哥朝聖者之路
Santiago de Compostela

西班牙加里西亞省的首府在聖地亞哥—德孔波斯特拉（Santiago de Compostela），但最大城市是商業大港 Vigo，這樣剛好幫旅客保有古典的聖地亞哥。

▶ 聖地亞哥的傳說

　　使徒聖雅各的西語發音即為聖地亞哥，而德孔波斯特拉有可能是由拉丁語「星之原野」Campus Stellae 演變而來。聖雅各亦即聖詹姆斯，他把基督教帶到伊比利亞半島，在西班牙傳教的種種事蹟，各地均有傳說，例如西元 44 年在耶路撒冷遭斬首殉教後，葬於西班牙某處，墓地直到 813 年，才被隱士 Pelagius 於夜空中，目睹奇怪的光線引導下發現。當時，伊拉亞的主教將這個神蹟，通知國王阿方索二世。國王命令在現場修建教堂，且成為這個神社第一個朝聖者。

　　被群山環抱的偏僻小城聖地亞哥，因許多神蹟傳說而發展起來。如今，它是著名的天主教朝聖地及朝聖之路的終點。古城在 10 世紀時，幾乎被摩爾人摧毀，11 世紀重建，1985 年，整座老城區被聯合國科教文組織指定為世界遺產。

聖地亞哥的朝聖之路啟發人心

大教堂是聖地亞哥—德孔波斯特拉的羅馬天主教大主教管區的一部分，原是一座羅馬式建築，隨著年代，陸續增加哥德式和巴洛克風格的建築。在哈里發攻擊期間，聖雅各的墓葬和文物未受破壞，現教堂地下室是 9 世紀時小神社的結構，保存著祂的遺物，及祂兩個門徒聖西奧多羅斯和聖阿塔納修斯，這裡是朝聖者的最終目的地。一千多年以來，聖地亞哥曾遭到摩爾人、荷蘭、英國等國進攻，很難設想，聖人的墓與遺物是如何受虔誠教徒，勞心勞力的移動，方才得以珍藏保護至今！

01 銀匠廣場 Plaza de las Platerías 這裡仍保存了建於 1103 年至 1117 年間的教堂遺跡

02 各種給朝聖者的指標暗號

今天人們從教堂裡的石洞，可走到祭壇上聖雅各雕像的後面，擁抱聖像。重要宗教節日，以及每週五晚彌撒後，聖壇前，高 1.6 公尺，世界上最大的香爐寶塔摩梅羅，添入炭與香料後，重量可達 80 公斤，在 8 名僧侶的扶助下，於中殿利用圓頂上的滑輪，大幅度來回飆高搖擺，此儀式已有 700 多年歷史，香爐幾乎到達屋頂，擺動時速可達 80 公里 / 小時，於聖歌頌詠中，信徒與否都可以享受歷時四分半，被神聖的厚重香雲熏拂的感人時刻。

因此種種，我確定聖地亞哥之行，不再局限於探訪古蹟，而側重於朝聖之路的終點。分享一絲這

啟發人心，復活心靈的力量，那讓朝聖者對自己重新、進階認定，被一路用印章、美食、免費或便宜的貼心宿所的次次祝福。終在主教堂前，喜極而泣、互相擁抱，終究確信，所有努力要說服的唯有一己，不再需要依賴其他，便能踏實往前行。

03 聖詹姆斯的遺物堂 Relics of St James，是朝聖者的最終目的地

04 祭壇中的聖雅各雕像，與中殿屋頂垂下來的 Botafumeiro

05 主教堂內許多小教堂，例如薩爾瓦多教堂 Chapel of Salvador

踏實而動人的徒步路線

因為早餐很簡單，所以，當我們開車到聖地亞哥，辦好旅館入住手續，還未走到計畫中的餐廳，便已飢腸轆轆，遂改於餐後才進古城精華區。

◎ 15 : 20 ▶ 餐後，走到了盡是土色牆壁配白色窗格，很多鐵欄杆陽台的區域，幾個拱廊多有朝聖者的蹤跡，看見黃箭頭貼心的指出順路「可寄放行李的郵局」，我們知道已近古蹟大教堂。先在廣場坐下來，把餐廳補的沙拉與甜點解決，再走約 20 分鐘，便從銀匠廣場教堂南邊大門免費進入。

17:00 ▸ 還沒走完，教堂人員清場要人們從北邊大門離開。

往教堂西正面前進，遇到各國來的朝聖者，但大家總是詢問：「你走幾公里？」若是有人問起你從那兒來？可別答台灣，這裡不詢問國籍，而是關心你從哪個城鎮點開始，徒步走到這裡。

17:30 ▸ 一小段路，我們遇見太多動人的人事物，以至於半小時才走到廣場 Praza do Obradoiro，然後是更壯觀的朝聖者群眾，或攤或坐或靠在廣場或拉霍伊宮長廊。突然間：「你走幾公里？你打那兒來？」不斷地被當做認識新朋友的開場白。當然，徒步其間，有更多是在那幾個星期內認識的，互相打氣達陣成為患難摯友的，在長廊下，我們見到一幕幕盡是充滿成就感、滿意自己終於成功地走完全程或自訂的距離，那種發自內心深處的感動，喜形於色、於眼神、於曝曬得乾了的皮膚皺紋上。沒有任何一組合照的人，嫌棄大教堂正面，因維護修繕而包裹到幾乎不見教堂本身，我相信這是真正宗教賦予的力量，而祂本身的精神象徵，無關乎教堂的小、大，或美、醜。

18:30 ▸ 在一群群完成人生壯舉的人們激勵之下，我們頓時感到體力充沛，決定回旅館前，先去阿拉米達公園逛逛。

01 聖地亞哥德孔波斯特拉的歷史文化中心 Casco histórico

02 修道院 Mosteiro de San Paio de Antealtares

03 主教堂腹地甚大，東面天際線古老動人

04 在從捷克經過 14 年流浪到這裡的人面前，我不敢再提自己流浪的心

05-06 英國來的老先生，把一路走來的心情用文字與鉛筆畫記錄下來

07 拉霍伊宮 Pazo de Raxoi 面對著主教堂的雄偉正面，自然是最多朝聖者躺下來或坐下來倚靠的地方

08 主教堂的西正面，可以看到壯觀的二樓連續拱窗長廊

09 熱鬧的街道上好多當地特色小點心店

10 聖法蘭濟斯克修道院 Convento de San Francisco de Santiago

11 阿拉米達公園西邊入口 Parque da Alameda

01-02 la Codorníz 餐廳的餐點美味可口

Tips

喜歡吃現撈等級海鮮的朋友，推薦市場 Mercado de Abastos 的 Abastos 餐廳。

我們吃

一路上證實西班牙人，不輕易表現出聽不懂英文的曖昧。我還發現，是因為自恃有勝過語言的秘密暗器，雖說加上肢體動作一出招，猜到各國語言涵義八九不離十，但偶爾還是會糾結在那未解的一、二點上。例如當天，被路過餐廳 la Codorníz 的今日菜單吸引，而體驗了一段難忘的午餐趣事，就是最佳印證。

我們點了 € 9.5 與 € 16 的兩份今日套餐，前後被 A、B、C 三位侍者服務。

首先 A 侍者，用西語加手語解釋餐點內容，我們邊猜邊點好餐，他一上酒卻啵一聲開了一瓶紅酒。我們錯愕，卻也準備接受，但嘟噥著剛才點的是白酒，他用西語解釋了好一會兒，嚇我們一跳地回頭邊走又邊開了瓶白酒。但後來，我確定他欣喜於我明白他說餐桌墊紙上，畫的是朝聖之路，我暗忖餐後得要個 1 張帶走。

然後，混亂之中，換來了 B 女侍者，用餐近尾聲，向她問起套餐的甜點，她拿了甜點菜單給我們，我們選畢後，送上甜點開始吃時，幾經確認菜單圖片，發現一道沙拉沒上來，礙於語言，以及吃得很撐了，想說少吃也罷，所以僅稍微向 B 女侍者提起，但是她不負責任地聳聳肩，不置可否？

這時，我們雖不可否認菜色不錯，但心情難免受影響。到了結帳時，竟還多出了兩客甜點共 € 7.6 的帳。因這筆費用直逼一豐盛套餐價，在老公的反對下，我據理溫柔爭，猜到 B 女侍者意思是我點的甜點，並非套餐所附！但她無法理解我說的「應該告知顧客」，並且自動省略該送上的甜點與沙拉也是不應該。

最後，C 侍者出現，並點頭道歉，承認沙拉未出菜是他的責任，我見似乎較能溝通，遂要求他，退沙拉的錢給我們，或把原附的甜點連同沙拉，讓我們帶走，最終達成共識，侍者為我們準備兩餐盒外帶。

　　我突然想起用餐墊紙坐在廣場吃，遂要了 3 張， 此時 B 嘴角露出一得意，要表現她這回一聽就懂了，正要去拿，卻被 C 阻止，C 並轉身拿一大疊餐墊紙給我，莫非要我在廣場擺桌？我硬推還，C 卻堅持要我收下，整個過程，四個角色，西語對英語，雙方不解無奈後，仍堅持溝通、聽懂了之後又是一長串解釋，甚麼 A 有交接給 C，但 C 忘記跟 B 說……，一直有笑聲、雞同鴨講的畫面，所以進城前，我們已經無力再說話，但吃飽撐著，仍得忙想著，該如何減輕手上的超大疊餐墊紙，還有野餐盒與內容物的重量。

▎我們住

　　聖卡洛斯美食飯店（SAN CARLOS DELICATESSEN HOTEL）。雙床套房，大窗戶有坐檯，含豐盛早餐，入住刷付€ 74.52。

　　旅館合作的停車場 "GARAJE CARACAS" 在附近，次日取車€ 8，另外，旅館的服務很親切，網路上提出的提早辦理入住，櫃台清楚實施。

　　晚上我們還能在房間窗台前，喝著超市買的特價西班牙名酒 CAVA，配著橄欖，回味這趣味橫生的一天。

03

04

05

03-05 聖卡洛斯美食飯店布置典雅搭配西班牙名酒，讓人不虛此行

Part 2

Travelling around Spain

西班牙魅力四射

魅力四射的西班牙，體現在建築、服裝、傳統節慶、
飲食文化、日常娛樂中。當然，百姓永遠愛戴的卡
斯提亞女王伊莎貝拉的遠見，更豐富了西班牙的多
元與亮麗。

Chapter   1

慕西亞Murcia與
阿利坎提Alacant的白色海岸線

慕西亞是於 825 年由當時科爾多瓦酋長阿卜杜勒·阿赫瑪（Abd ar-Rahman II）
創立的。穆斯林規劃者，利用塞古拉河的路線，創建了一個複雜的灌溉渠道網
絡，使該鎮的農業生產繁榮昌盛。

慕西亞被稱為歐洲的果園

穆罕默德・伊本・莫恩斯（Muhammad Ibn Mardanis）選擇這裡成為他獨
立王國的首都，那時，它已是個非常繁榮的城市，以陶瓷、絲綢和造紙工業聞
名，出口到義大利的城鎮，占歐洲第一位，造幣被認定是整個歐陸的典範。到
了卡斯提亞的阿方索十世統治期間，這裡是其首都之一。

十二世紀，旅行家和作家穆罕默德・伊德里斯（Muhammad al-Idrisi）形容此城堅固且人口眾多。據研究指出，地名可能來自拉丁文"Murtae"，指涵蓋了幾個世紀以來的區域景觀。由於其悠久的農業傳統和水果，蔬菜和花卉的生產和出口，現為慕西亞自治區首府，被稱為歐洲的果園，以服務業和大學城為主。一般遊客最注目的亮點包括慕西亞大教堂、街道上的數座巴洛克式建築，以及著名的當地美食。

慕西亞引人入勝的主要景點

哥德式風格的慕西亞大教堂建於 1394 年至 1465 年。巴洛克式、洛可可和新古典主義的塔樓，則在 1792 年建成，展現了建築風格的融合，教堂主立面公認是西班牙巴洛克風格的傑作。與大教堂共享紅衣主教廣場的幾座建築，豐富多彩的主教宮殿，以及有爭議的市政廳擴建的拉斐爾莫內奧大廈，都很值得注意。

位於塞古拉河（Segura River）河畔的格洛列沓（Glorieta）傳統上是該鎮的中心，市政廳位於這個廣場。這是一個愉快的，風景優美的城市廣場，每年在一個星期的復活節結束。有一個活動，稱作沙丁魚在慕西亞的埋葬"El entierro de la Sardina"，藉著和玩具沙丁魚一起遊行散步，最後在塞古拉河上火燒造型精彩的巨大沙丁魚，葬禮召回異教神話，火則有清潔殺菌功能。

01 慕西亞教堂主立面被認為是西班牙巴洛克風格的傑作

02 主教宮殿 Palacio Episcopal 色彩豐富而古典

03 老橋 Puente Viejo 堅固耐用

04 大型傳統市場 Plaza De Abastos De Verónicas

我們吃

在主廣場邊，小酒館價格合理，服務生紳士溫柔。

紅色的夏天酒€ 2.5、白酒€ 2.2、烏魚子 hueva mújol € 8 送錯招待、炸小鮮蝦 Caballitos € 2.1、醃貽貝 Mejillones € 9、紅酒燉牛頰 Carrillera € 3.3、烤牛排€ 8，小菜都付配菜，美味新鮮精緻。

01-03 El Pasaje de Belluga
餐廳外觀與餐點

04 登上城堡的高處，享受
無際靛藍視野

白色海岸是 200 公里長的迷人海岸線

白色海岸（Costa Blanca）是指西班牙阿利坎提省，從德尼亞（Dénia）起，200 多公里長的海岸線。英國觀光建議其國民來此旅遊，強調此地有溫暖的地中海氣候、白色宜人的沙灘、生活便利且便宜、節奏和緩，甚至低房價等，是適合久居的地方。

阿利坎提地名來自其之前所屬的阿拉貢國，主要景點聖巴巴拉城堡（Santa Bárbara Castle）位於貝納坎蒂爾山，塔頂是城堡最古老的部分，俯瞰著城市。

05 鐵甲武士召喚海鳥海灣
海灘海風全員到齊

06 出電梯正好可以先做室
內參觀

07 鐵製的戰士守衛著廣袤
無垠的大海

08 這畫上的顏料撒了金粉

09 城垛上的花紋原來畫的
是沙灘上的人

徒步欣賞海灘美景

從瓦倫西亞出發，先到白色海岸邊的阿利坎提，再到慕西亞。五月裡，兩地處處有藍花楹樹蹤跡。

◎ **11：20** ▸ 城堡的軍事角色衰落後，曾被做為監獄，直到 1963 年才公開。我們直接將車子開到聖巴巴拉城堡下。隔著城牆居高臨下俯瞰城鎮，被白沙灘與靛藍色一望無際的大海，深深吸引住目光，海風頗大，海鳥飛上飛下好不熱鬧，歐美男女，著泳裝直接從海灘走上山，好一副優閒充分享受日光浴的自在。

Tips

自海邊大道上城堡的方法
1. 城堡旁，停車免費 GPS 38.349062, -0.476923。
2. 海邊有電梯可直達城堡，GPS 38.346739, -0.476908（收費€ 2.7, 65 歲以上免費）
3. 搭 TURI 公車 Bus Turístico
4. 走路約 25 分鐘

⏱ **12：45** ▶ 頂峰附近有點心販賣部、舒適洗手間，風光明媚，觀光客不多，我們跟海鳥同桌野餐後，著實休息了許久，這才下山驅車離開。

⏱ **14：30** ▶ 到達慕西亞停下車，在主教堂旁的餐廳，邊用餐邊欣賞紅衣主教廣場。餐後，繞到繽紛的主教宮花園，經過市政廳，過馬路到塞古拉河岸邊，那座每年身負重任，造價不斐的水中沙丁魚紀念碑，竟泡在髒髒河水中。

⏱ **15：00** ▶ 我們逛著超級乾淨的街道，經過聖佩德羅教區、佈滿許多組歡樂人群的百花廣場，還特別走到聖安東尼教區的美麗白色塔樓前，折回到羅馬劇院。續往東去欣賞多明尼克教堂修女販賣自製餅乾的小廳，巧逢多明尼克公園假日市集，搭於教堂前的舞臺演出精彩，攤販間，許多推著嬰兒車的年輕父母，以及各種年齡層的家庭成員。我們逛累了，剛好店家贈送試飲的咖啡，便隨意在旁邊公園的連續長椅坐下喝著咖啡，觀賞人也跟當地人比手畫腳一番，融入慕西亞的百姓生活。

01 從此城門進出聖芭芭拉城堡

02 羅馬劇院 Teatro Romea 外廣場舞台與音響架設完成各項演出預備著

03 被攤販包覆的聖多明哥教堂 Church of Santo Domingo

04 聖安東尼教區 Parroquia de San Antolín 白色高聳的塔樓與壁畫，不對稱的造型，備感突出

Tips

車停免費藍格內 GPS
37.98402, -1.13284

◉ **19：00** ▸ 離開公園，經阿爾莫多瓦宮，取車。

◉ **19：20** ▸ 到達旅館，以前曾嘗過 Ibis 的豐盛與超長供應時間早餐，因此，決定於隔壁家樂福超市準備簡單早、晚餐即可，不料遭滿滿的西班牙食物包圍，卻不願突圍。

▌我們住

　　Ibis ： MADRE PAULA GIL CANO，兩星飯店，雙床舒適套房，不含早餐（含停車）臺幣 1587 元。

05 百花廣場 Plaza De Las Flores 中央噴水池，永遠有人陪你坐下來

06 聖克拉雷亞爾博物館 Museo De Santa Clara La Real

07-08 阿爾莫多瓦宮 Palacio Almodóvar

09 品質保證價格便宜的 ibis 也被藍花楹樹包圍

Chapter 2

瓦倫西亞 València 與 黃金海岸線

瓦倫西亞是西班牙僅次於馬德里與巴塞隆納的第三大城市，在英語中是絲綢交易的意思，它是歐洲地中海財富的象徵，最著名的是每年3月舉行的法亞火節。

瓦倫西亞基本介紹與規劃

　　因當天剛到西班牙，考慮時差的關係，以安全為最大考量，取車後先沿著黃金海岸（Costa Dorada）開 144km，需 2 小時 6 分鐘。到達地中海邊小鎮 L'Ametlla de Mar，預訂餐廳 Mestral 13：00 到達，享用經濟實惠又美味的海鮮白酒大餐，好好休息之後，再走 AP 付費高速公路 206km 開 2 小時 9 分鐘，到達計畫的第一個住宿城市──瓦倫西亞。

簡單卻精彩繽紛的徒步動線

🕕 **18:30** ▶ 停好車,我們由華麗的中央市場旁,開始漫步在瓦倫西亞充滿色彩的街道上,不規則形狀的市場四周還有一致採用古典磁磚蓋成的延伸攤位。市場的東北角就是絲綢交易所,很多精緻的雕刻在不可思議的飾條內部石頭上,因此,與圓柱如好吃螺旋餅乾條的柱廊廳,已一起被列入世界文化遺產。

01 中央市場 Mercat Central 以磁磚、鋼鐵砌成,有彩繪玻璃與華麗的裝飾

02 聖胡安教堂 Església dels Sants Joans、中央市場、絲綢交易所,構成一個三角形

03 華麗的中央市場與聖胡安教堂 Església dels Sants Joans 僅隔一條小巷道對望

04 絲綢交易所 Llotja de la Seda 塔樓的較高樓層,曾是破產商人監獄

Info 絲綢交易所

🕐 **時間**:週一~六9:30~19:00,週日9:30~15:00。

💲 **購票**:平日€2。週假日:免費

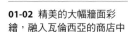

◎ **19：00** ▸ 走在各種民生用品商店與各式餐廳間，常會被精美的超大幅牆面彩繪嚇到，但街道安靜祥和，如果你在某處枯站稍久，總有當地善良居民來詢問你，是否需要幫助？經過一家布滿裝飾與實用藤編的店家，被編織的大小櫥櫃、大象、飛鳥等吸引許久，街道上用餐的人愉悅、高大的樹木帶著涼意、建築物上面映著溫柔的陽光金色，那時就喜歡上了這裡的街道。

◎ **19：40** ▸ 來到馬尼斯廣場，四周矗立著一棟棟華麗莊嚴的政府機關辦公大樓，不難想像，曾經是歐洲地中海財富象徵的瓦倫西亞，當年的萬千豪氣。接著我們到達聖母廣場，瓦倫西亞主教座堂（La Seu de València）內部裝飾華麗精美，重要文物包含聖文森特（St Vincent Martyr）在西元 304 年於此地殉職後，保留至今的左手臂。而外部美侖美奐的架構，最顯著的是具有城市代表象徵的八角鐘樓米卡列特塔。

01-02 精美的大幅牆面彩繪，融入瓦倫西亞的商店中

03 生活中，可以藤製的用品，原來比想像的還要多

Tips

車停於 Parking Avenida del Oeste，GPS 39.471107, -0.379807，約 2'30" 共€5.1。

04 馬尼斯廣場上的聖巴洛梅使徒塔 Torre de San Bartolomé Apóstol

05 鳥兒融入聖母廣場 Plaza de la Virgen 圓形大噴泉中

06 被遺棄的聖母大教堂 Basílica de la Mare de Déu dels Desemparats

07 主教堂伴隨著瓦倫西亞的繁華歷史

08 米卡列特塔 Micalet 八角鐘樓是主教堂最醒目的部分，高 60 公尺，有 207 個台階，當初須以敲響此鐘來決定城門的開關

09 主教堂內部精緻的層層疊疊，訴說著瓦倫西亞過往的財富地位。

01 聖卡塔琳娜廣場上，左邊醒目的建築是一棟古老的古巴建築，現為受歡迎的商店「古巴島舊倉庫」Antiguos Almacenes Isla De Cuba 1887，它的鑄鐵柱和其外觀的陶瓷，代表著巴基斯坦舞蹈者

02 巴洛克式裝飾的窗戶，六角形的聖卡塔利娜烈士教堂 Iglesia de Santa Catalina Mártir 鐘塔，建於 1688 至 1705 年間

03 鬥牛場與火車站相鄰競豔，且都有各自的歷史地標故事

04 Plaça de Bous de València 瓦倫西亞鬥牛場

05 黃金橋與 Àgora 會議中心

06 藝術科學城 L'Hemisfèric、菲利浦王子博物館與索菲亞王后藝術歌劇院，展現科技、藝術與自然的結合

◎ **20：40** ▶ 經過聖卡塔琳娜廣場，撞見六角形的聖卡塔利娜烈士教堂鐘塔，外部巴洛克式的裝飾讓人留步仰望。回頭開車後，經過鬥牛場與美麗的火車站，在夜色即將低垂，趕到原為治水，如今轉化成新藝術的科學城建築群。

▌我們吃

　　沿著黃金海岸，那眼睛為之亮醒的地中海犀利藍，要不是才剛上路西班牙，一定錄段影片回來。午餐特選於今日中途地，拉梅特利亞德馬爾，兩小時後，我們準時依預約時間，到達 Carrer Miguel de Cervantes, 32, 43860 的餐廳。廚師一見我們入門，便轉身披掛開烹，餐廳的服務生不說英語，但我們用比畫點餐，甚為愉快。首先上來一瓶氣泡礦泉水與一瓶白酒連冰桶，讓我們心情大好。每套€18 的餐竟能有這等級的享受，之後除前菜之外，兩套共四道海鮮的主餐，最後兩份甜點，竟附上豪華的現沖鮮奶油咖啡（維也納咖啡）。新鮮的海味與完美的前菜和飯後甜點，使我兩陶醉在這美食與夢幻藍色海洋邊，久久方才捨得驅車離開。

07 拉梅特利亞德馬爾餐廳內部

08-11 在拉梅特利亞德馬爾餐廳的第一餐，新鮮的海味與完美的前菜和飯後甜點

Chapter 3

薩拉哥薩 Zaragoza
聖柱聖母聖殿

薩拉哥薩是一座超過 2000 年歷史的古老城市，如今是西班牙的第五大城市、阿拉貢地區的政治和經濟中心。

薩拉哥薩古城豐富多元的印象

　　薩拉哥薩以其古蹟及民俗文化著稱，多元化的混合是這座城市最為豐富的歷史文化遺產。老城區多風格的建築，訴說往昔與現代的演變，擁歐洲最長的步行廣場聖柱廣場（Plaza del Pilar），聖柱聖母聖殿主教座堂（Catedral-Basílica de Nuestra Señora del Pilar）及聖薩爾瓦多耶穌救主主教座堂（Catedral del Salvador），圍繞在廣場東到整個北邊，它們與城西的阿爾哈費里亞宮，以「阿拉貢的穆德哈爾式建築 mudéjar de Aragonés」名義，在 1986、2001 年依序被列入聯合國世界文化遺產。雖然薩拉哥薩已是一個工業重鎮，但當初義大利作曲家威爾第的著名歌劇《游吟詩人》的創作靈感，確實是發想於此。

聖柱節 Fiesta de Pilar 的傳奇

根據薩拉哥薩古代傳說，耶穌復活後不久，聖雅各就在西班牙傳福音。西元40　1月2日，因使命成就不彰，感到沮喪之際，來到埃布羅（Ebro）河畔，虔誠禱告，此時，聖母瑪利亞顯現於一根大理石柱上，並給他一串碧玉，指示聖雅各在此建立一座教堂。這就是今天的皮拉爾聖母聖殿主教座堂，亦即聖柱聖母聖殿主教座堂。

為了紀念聖母於此顯靈，自 1952 年起，每年 10 月 12 日，人們盛裝打扮，將鮮花獻給廣場上的聖母雕像，此為聖柱節（Fiesta de Pilar），乃西班牙著名的民俗慶典之一，據紀錄，2009 年有 45 萬人參加奉花遊行。

華美壯麗的聖柱聖母聖殿主教座堂

第二次世界大戰時，納粹的飛機投兩枚炸彈在聖柱聖母聖殿主教座堂屋頂，卻沒爆炸，如今，炸彈們就懸掛在大教堂的牆壁上，向世人展示聖母的神蹟。

01 聖柱廣場末端壯觀豪邁的聖柱噴泉 Fuente de la plaza del Pilar，冷卻廣場氣溫功不可沒

02 聖薩爾瓦多主教座堂的巴洛克式高塔，前方是出生於薩拉哥薩省的浪漫畫家和版畫家，哥雅 Goya 的雕像

Info 聖柱聖母聖殿主教座堂（Basílica de Nuestra Señora del Pilar）

◉ **時間**：週一～六 6：45～20：30，週日和節假日 6：45～21：30

❸ **購票**：門票€3。0至9歲的兒童免費。夏季10：00～14：00，16：00～20：00，冬季10：00～14：00，6：00～18：00，以上時段，大教堂免費進入，不可拍照。

融合了伊斯蘭教、天主教風格雄偉非凡的岩洞式教堂，有 11 座壯麗燦爛的圓穹頂，及四座高聳的尖塔，令人無比崇敬的聖母像，就在聖堂中，那根傳奇的大理石柱上，還有畫家哥雅所繪的數個穹頂等等，都令人嘖嘖稱奇、印象深刻，但請遵守，入內嚴禁拍照的規定。

01 龍鈴展覽畫廊 Sala de Exposiciones La Lonja 內有展覽館、歌劇院

02-03 雄偉非凡的岩洞式教堂，聖柱聖母殿主教座堂 Basílica de Nuestra Señora del Pilar，世界文明遺產

穆德哈爾式建築的聖薩爾瓦多耶穌救主主教教堂

你知道嗎？薩拉哥薩是世界上第一個擁有兩個主座教堂的城市，而且這兩個大教堂都被列入世界文化遺產。側面十足穆德哈爾式建築的聖薩爾瓦多

Info 聖薩爾瓦多主教座堂（Catedral de San Salvador）

◎ **時間**：

夏季時間（6／15～9／15）

週一～四 10：00 ～ 18：00、20：00 ～ 20：30，週五 10：00 ～ 18：00，週六 10：00 ～ 12：00，13：00 ～ 20：30，週日 10：00 ～ 11：30，13：30 ～ 20：30。

冬季時間（9／16～6／14）

週一～五 10：00 ～ 14：00、16：00 ～ 18：30，週六 10：00 ～ 12：30、16：00 ～ 18：30，週日 10：00 ～ 12：00、16：00 ～ 18：30

💲 **購票**：大教堂和掛毯博物館（Museo de tapices）門票€4，0至10歲的兒童免費。

主教座堂，建於 1119 年，原來舊清真寺遺址，例如外牆磚的部分元素依然保留，牆壁和覆蓋長老會的屋頂是阿拉貢穆德哈爾式最傑出的作品之一，地下室有壯麗的墳墓。在面對聖柱廣場這端為哥德式教堂建築，不難發現銀匠式、巴洛克式等藝術裝飾於其中，是羅馬人、摩爾人、猶太人、天主教徒四文化合一的最有力見證。

阿爾哈利菲亞宮殿也是世界文化遺產

阿爾哈菲利亞宮殿 始建於 1118 年，是為穆斯林統治者而建的享樂宮殿，有「薩拉哥薩心臟地帶的阿拉伯宮殿」之稱，與格拉納達的阿爾罕布拉宮和科爾多瓦清真寺，同為南歐穆斯林的藝術珠寶。此主體為長方形的宮殿，擁有若干圓形塔堡，且跟伊斯蘭皇宮建築一樣，許多房間分布在露天院落的周圍，用石膏裝飾的房頂是最吸引人的地方，甚至是阿爾罕布拉宮與塞維亞皇宮的模仿對象，2001 年被列入世界文化遺產。

古城區外圍逛街環境非常舒適，名牌購物或美食品嘗豐富而多元，短短幾條街滿足旅客所有需求。

04 聖薩爾瓦多主教座堂穆德哈爾式建築，凸起的磚和陶瓷的裝飾，延伸到牆壁頂部的最小邊緣

05 現代建築的 Museo del Foro de Caesaraugusta 論壇博物館

> **Info** 阿爾哈菲利亞宮殿（Palacio de la Aljafería）
>
> ☺ **時間**：4／1～10／31週一～日10：00～14：00、16：30～20：00，11／1～3／31週一～六10：00～ 14：00、16：00～18：30，週日10：00～14：00。
>
> 🔊 **導覽**：10：30、11：30、12：30、16：30、17：30、18：30。
>
> 💲 **購票**：成人€5，學生€1，週日免費。

01 阿爾哈費里亞宮，進入前先在外面售票亭購票

02 入享樂宮殿之前的特洛瓦多壯觀建築

03 伊斯蘭宮殿美麗的拱門

04 著古裝的西語導覽人員，盤坐在用石膏裝飾的房頂古老門廳裡

05 飛行樓梯 Flight of stairs 有皇后與國王步履的過往

06 阿拉伯式門廊 Portico

我們住

Hotel Ibis ：雙床套房，住起來頗為舒適，不含早餐臺幣 1567 元。

國際連鎖飯店，就在石橋北邊 39 公尺處，晨昏都能輕鬆觀賞整座聖柱聖母聖殿主教座堂，隔壁就有間大超市，附近免費停車位多，房間有簡單衛生舒適。早餐從凌晨 4 點到中午，體貼各種需求的房客。

07 奧古斯都雕像 Monumento a César Augusto 與中央市場 Asociación detallistas del Mercado Central

08 聖胡安·德洛斯·帕內斯教堂 Iglesia de San Juan de los Panetes，建築於 1725 年以巴洛克風格完工

09 現代感的各式商店，購物美食同時享有

10 街角擁有市徽的藥局

11 聖柱聖母聖殿的美麗清晨，象徵今日開往巴塞隆那還車的順利

Chapter 4

情人的特魯埃爾 Teruel

被天然地理環境阻隔，而能嫻雅特立的藏於阿拉貢南部山區裡的特魯埃爾，是西班牙唯一無火車直達馬德里的省會。

特魯埃爾有珍貴的歷史遺產

1986 年，4 座位於此地的穆德哈爾式建築被列入世界文化遺產，2001 年，教科文組織新增了包括薩拉哥薩省的 6 座，形成 10 座 Mudéjar Architecture of Aragon 的世界文化遺產。發展於十二到十七世紀漫長期間的泥濘藝術，精妙地使用磚塊和釉面磚，將傳統的伊斯蘭風格與現代歐洲風格特點，無縫融合在一起。從這個華麗的建築史，可看出西班牙收復國土後的政治、社會和文化狀況，勾勒出中世紀，西班牙基督教與伊斯蘭教和平共處的真實證明。

公牛和星星是特魯埃爾的象徵

傳說阿方索二世到此作戰時，追逐一頭跟隨星星奔跑的公牛到托里科廣場。如今，越夜越熱鬧的托里科廣場，也被稱為公牛廣場，中心的一座噴泉中央圓柱頂部有一隻小公牛雕像，且星星和公牛成為特魯埃爾的象徵。

迭戈和伊莎貝爾的愛情故事

阿拉貢土壤不只孕育三個不同根源的文化在一起蓬勃發展，還有一個令人為之涕零的真實愛情故事。

在西元十三世紀，迭戈和伊莎貝爾兩個青梅竹馬的年輕人，因貧富懸殊而無法被女方父親應允實現他倆的山盟海誓，迭戈為改變自己的社會地位，外出冒險求發達，當與伊莎貝爾父親約好的五年時間到了，戰爭使得他稍稍誤了返期，待他回到故鄉，戀人已嫁作人妻。忍受思念之劇，刻苦努力多年的迭戈，上門央求一吻被拒，旋即悲痛而亡。就在他的葬禮上，一名著孝服的女子來償還生前欠他的一吻，隨後這名女子，猝死在迭戈靈前，她就是伊莎貝爾。

直至 1555 年，政府從教堂裡面，挖掘出迭戈和伊莎貝爾已形成木乃伊的屍體。後來，藝術家設計了雪花石雕棺槨，石棺上，倆人各伸出一隻渴望相牽，但終沒能相握的手，這個口耳相傳數世紀的真愛，聞者無不動容。

01 Plaza del Torico 公牛廣場，夜晚熱鬧繁華

02 圓柱的頂端小公牛說著特魯埃爾的由來

03 星星也是特魯埃爾的象徵圖案

聖佩德羅塔

特魯埃爾最古老的穆德哈爾塔樓，建於十三世紀，原始高度達 25 公尺，在城市網絡中心的位置。可以經一個螺旋樓梯和七十四個樓梯，爬上鐘樓的頂端。

不要錯過特魯埃爾這些主要景點

特魯埃爾 4 座穆德哈爾世界文化遺產是指：聖佩德羅教堂、聖瑪麗大教堂、薩爾瓦多塔以及聖馬丁塔。

大教堂是羅馬天主教堂，它泥濘藝術的外觀，也是穆德哈爾建築的一個顯著的例子，務必要進入其背面的特魯埃爾省博物館，尤其是不要錯過她的頂樓。

Info 聖佩德羅塔（San Pedro Tower）

◎ **時間**：每天10：00～14：00、16：00～20：00

$ **購票**：戀人陵墓Mausoleo de los Amantes4€。戀人陵墓 ＋ 聖彼得教堂 ＋ 迴廊 ＋ 鐘塔與花園 ＋ 登塔樓9€。

特魯埃爾省博物館（Museo Provincial de Teruel）

◎ **時間**：週二～五10：00～14：00 、16：00～19：00，週六～日 10：00 ～ 14：00，週一休。

$ **購票**：免費入場，古建築內有電梯。

01 特魯埃爾的戀人陵墓 Mausoleo de los Amantes de Teruel

02 聖彼得教堂 Iglesia de San Pedro 與塔樓

03 穆德哈爾大教堂 Mudéjar dome of the Cathedral

04 特魯埃爾省博物館 Museo Provincial de Teruel 就鶴立在大教堂背面小廣場上

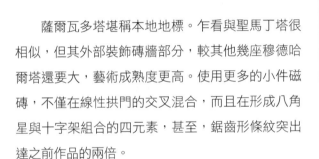

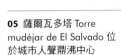

　　薩爾瓦多塔堪稱本地地標。乍看與聖馬丁塔很相似，但其外部裝飾磚牆部分，較其他幾座穆德哈爾塔還要大，藝術成熟度更高。使用更多的小件磁磚，不僅在線性拱門的交叉混合，而且在形成八角星與十字架組合的四元素，甚至，鋸齒形條紋突出達之前作品的兩倍。

　　聖馬丁塔是建於 1315 年至 1316 年間的中世紀建築，由於濕度的侵蝕，在 1550 年，下段做了修復。像其他穆德哈爾建築般，用陶瓷釉面裝飾門塔，其惡魔拱門下通過一條路，晨昏迷人風光都被這美麗畫框緊緊守住。

05 薩爾瓦多塔 Torre mudéjar de El Salvado 位於城市人聲鼎沸中心

06 從省博物館的頂樓俯視主座教堂與聖馬丁塔

07 聖馬丁塔 Torre de San Martín 的泥磚與瓷磚精緻組合

08 晨昏迷人小路風光，全被這聖馬丁塔的惡魔拱門厚重美麗畫框緊緊守住。

Info 薩爾瓦多塔（Torre mudéjar de El Salvado）

◎ **時間**：8月、國定假期、復活節週10：00～14：00、16：00～20：00。
11～1月10：00～14：00、16：30～18：30，其他月份11：00～14：00、
16：30～19：30，週一休。

$ **購票**：成人€2.5，7～15 歲、65歲以上：€2。

特魯埃爾值得瀏覽的景點

特魯埃爾城北阿科斯水道渡槽，兩端僅 800
公尺，走去古城街道只需 11 分鐘。我們先在好幾
道城門與渡槽組成的巨大橋樑下停好車，再徒步逛
了水道橋上、橋下與附近，順道在歷史博物館旁的
Lidl 大超市，買了 CAVA、淡菜罐頭，才去旅館。

小小的特魯埃爾，比起昆卡古城，人口密集熱
鬧許多，但難能可貴的是古鎮內仍保留原來中世紀
的況味。除了以上介紹的地點之外，還有數個值得
一覽的景點，例如旅館旁的橢圓形穆德哈爾式階
梯，其頂端浮雕訴說著本鎮最偉大的愛情，彷彿為
這段史實放燦爛煙火般，整座階梯布滿華麗、精緻
至極的燈飾與瓷磚。底部是一座通往火車站的公
園，階梯最高處的底端是一個公共電梯，正好方便
我們直達旅館門口。

另外，城南的費爾南多高架橋也是很壯觀的一
道老橋，不論橋上的燈柱、橋下的大環洞與四通八
達的道路，都令人嘆為觀止。我們在橋邊雕塑前的
大樹陰影下，巧遇一位各處旅行的老先生，他用西
班牙語和我們中文加英語快樂的聊天，聊到興奮
時，還想請我們來根香菸……真是旅行中有趣、難
忘的片刻。

01 阿科斯水道渡槽 Acueducto de los Arcos 橋上人行道進城的好起點

02 橢圓形穆德哈爾式階梯 Escalinata del Óvalo

03 橢圓形穆德哈爾式階梯下，處處景致浪漫

04 小母牛紀念碑 Monumento a la Vaquilla 旁是最熱鬧的廣場

05 歷史博物館 Museo historico

06 壯觀的費爾南多高架橋 Viaducto de Fernando Hué 橋上橋下不容錯過

07 主教座堂旁阿蘭達法國廣場上阿蘭達紀念碑 Monumento a Francés de Aranda

08 這裡最有意義的紀念品應該是帶走一棟穆德哈爾式建築

Chapter 5

薩拉曼卡 Salamanca 的調皮老青蛙

從 3 世紀以來，薩拉曼卡曾被迦太基人、羅馬人、摩爾人征服統治，所以，市中心由羅曼式建築、哥德式建築、摩爾式建築、文藝復興建築和巴洛克建築組成。

▌薩拉曼卡是流浪文學誕生地

　　薩拉曼卡整座古城 1988 年被列入世界文化遺產目錄，除了可觀的建築之外，許多歐洲文學巨著，諸如代表西班牙流浪漢文學誕生的《托爾梅斯河邊的小癩子》，或是《卡里斯托與梅麗貝婭的悲喜劇》等都是當地作品。或許是經歷過拿破崙半島、西班牙內戰等等戰役，每次戰役，死傷人數都在極短時間內激增，使得薩拉曼卡人對於家鄉總有一種深深的關懷與向心力，不論何時、哪種季節，尤其是自外地歸來，大家總會自動來到主廣場，看看、聽聽、坐坐，就像回到村裡的大沙龍一樣，關心大家可還安好。

薩拉曼卡大學成為歐洲最有聲望的學術中心

　　薩拉曼卡歷史上最重要的時刻之一是1218年，由當時萊昂國王阿方索九世授予薩拉曼卡大學皇家特許權，不久成為歐洲最重要和最有聲望的學術中心。1255年以來與牛津大學、巴黎大學和瓦倫西亞大學齊名，不僅以其銀匠風格繁複建築揚名，更以傳統的人文學科，多到難以計數的相關珍貴歷史地位著稱，例如第一本西班牙語語法的作者，或是被封為薩拉曼卡大學終身校長前、後均曾遭受流放與監禁之苦的哲學家烏納穆諾（Miguel de Unamuno）。或是，苦文學詩人代表教授，弗賴·路易斯·德·萊昂（Fray Luis de León），他因遭同事忌妒、陷害，而於1572年3月27日至1576年12月在巴利亞多利德監禁，雖然在整個監禁期間病倒，身體狀況不良達四年之久，但他仍不間斷的戮力創作，最後無罪釋放，在回去授課的第一句話是：「正如我們昨天所說的那樣……」（As we were saying yesterday……），完全跳過監獄的時空，一貫他對教學的專注與執著，以及無視於曾遭小人暗算，平白流失的四年歲月，因此這個「As we were saying yesterday」也成了他至高地位，流傳至今的名言。在1576年底，即被授予特別主席，1578年，他獲得了終身道德哲學的主席，並於1579年被選為大學最重要的聖經主席。如今大學裡，留有一間當時他授課的教室，由剖成四方形的木柱構成的粗糙桌椅，與教授坐的椅子，雖非常簡樸，卻給人超強吸引力！

01 弗賴·路易斯·德·萊昂教授 Fray Luis de León 的雕像佇立在庭院中央

02 大學散步的「考試幸運」行程，每個訪客都要找那隻調皮老青蛙

03 薩拉曼卡新主教座堂夜裡打燈後，有穿越古今的豪氣

04 這裡的銀匠建築中，常藏著幽默，例如調皮的青蛙跟這裡的太空人

薩拉曼卡開車路線規劃

今開車總時數約 5 個小時，我們分別在公路旁休息點、薩莫拉鎮、薩拉曼卡旅館休息、充電。

◎ **14：00** ▸ 到達今天開車的第二次休息處，薩莫拉，街道人煙稀少，乾淨且寧靜，伴隨著旅客的其實是送子鳥跟羅馬房舍。

◎ **15：20** ▸ 開車前往薩拉曼卡。

◎ **16：20** ▸ 旅館辦理入住後，到對面採買簡單晚餐，梳洗後，大休息。

◎ **20：30** ▸ 依計畫開車到 2 公里外的薩拉曼卡主廣場，欣賞著名的璀璨夜景，在椅子、地板都座無虛席的廣場，我們等著天黑，先到銀匠風格的薩拉曼卡大學。

次日 9：30，河邊停好車，再次進入舊城區，過古橋經過舊、新主教堂，在聖斯德望修道院前端詳銀匠建築的細工，接著為了看一眼白天的大沙龍，又繞到馬約廣場，然後經豪華宅邸貝殼宮，它的牆面，用代表朝聖者榮譽的扇貝殼雕塑做裝飾，再次到大學內外走一遭，然後，我們回到新藝術運動與裝飾藝術博物館，找到昨晚在羅馬橋畔，遇見的流浪漢雕像。11：00 取車離開。

01 市政廳因位於馬約廣場上，任何時間都好熱鬧

02 聖斯德望修道院 Convento de San Esteban，其前身正是哥倫布在此，於大學的地理學家面前，捍衛了向西方航行可到達印度的可能性

03 豪宅貝殼宮 Casa de las Conchas，時間許可不妨入內參觀

Tips

車停免費白、藍格子薩莫拉 GPS 41.503682, -5.750580 薩拉曼卡晚上 GPS 4096645, -5.66553，次日早上 GPS 40.95893, -5.66713。

▌ 薩莫拉是個乾淨、平和的小鎮

　　薩莫拉 Zamora 位於薩拉曼卡北邊 66 公里處，雖然沒有神殿、輸水道或競技場，鎮上的屋舍卻讓人彷彿置身於古羅馬的城市之中，是一個乾淨、平和，值得驅車前往的小鎮，在鎮上遇見一對荷蘭來旅行，也在找尋送子鳥巢的夫婦，彷彿看見我倆的身影……。

04 為紀念當地偉大作品拉薩羅德托爾梅斯 Lazarillo de Tormes 的流浪漢雕像

05 主教堂 Catedral de Zamora 佔地寬廣

06 雕刻精緻的聖胡安教堂 Iglesia de San Juan 與市政廳在同一個廣場

07 這是一個很適合思考自我的小鎮

08 送子鳥攻佔許多羅馬鐘塔

Chapter 6

鬼斧神工的龍達 Ronda
與周邊 **2** 日遊

為了到達這個鬼斧神工的傳奇古城，我們安排了兩天的時間，周旋於安達魯西亞的幾個各有特色的白色山城，果然時時刻刻有驚喜。

懸崖上的城市令人讚嘆

因為一張「懸崖上的城市」照片，我第一次享受到老公無怨無悔地在事前搜尋資訊。龍達既驚悚又特殊的景觀，讓人不由自主發出讚嘆。

第一天

⏱ **11：30** ▸ 到達傍著特雷霍河（ Rio Trejo ），房舍建於溪流上方的岩石懸壁內，而聞名的塞特尼爾德拉斯沃德加斯（ Setenil de las Bodegas ），屋內冬暖夏涼的智慧，需要先人不畏巨石壓頂，甚至以岩石為天的勇氣。

⏱ **13：00** ▸ 在龍達南城門外停下車，安排這裡一間非常熱門，但不接受訂位的餐廳，今天要大快朵頤一番。

餐廳以女兒名字 Mario 命名，兼超級服務生的她幫所有客人配菜，包君滿意。

1.5 公升桑格麗、抹滿番茄醬有碳香的麵包、烤蘆筍、香草烤鮪魚、鮪魚菲力三吃、烤牛肉佐馬鈴薯籤、芒果慕斯冰淇淋，配著街景與廣場的涼風，道道食材香氣自然誘人，烹調技術精湛，服務熱情，以上料理總共花費€ 66.5。

◑**15：00** ▶ 酒足飯飽的我們上城門牆小觀景台後，進城走在龍達古城南端。

01-04 龍達餐廳餐點，令人食指大動

05 阿拉伯的阿蒙凱博門外，每天都有在瑪麗之家用餐滿意至極的人

06 文化中心 Escuela Entrelenguas 安靜地佇立在小街旁

07 聖瑪莉亞主教會 Parroquia Santa María la Mayor 溫柔而古典的傍著縣政府。

🕐 **16:00** ▶ 驅車往旅館邁進，旅館與合作的停車場有點距離，店家服務親切，早餐環境溫馨豐富好吃。現場訂早餐€ 5×2，停車€ 12，雙人套房預付臺幣 1083 元。

🕐 **17:00** ▶ 由瓜達雷敏河 Río Guadalevín 切割 Serranía de Ronda 山脊，海拔高達 750 公尺。這是龍達大自然鬼斧神工，城市真實蓋在懸崖頂端，日夜都能找到可以觀賞此驚悚景觀的地點。

▍第二天

🕐 **12:30** ▶ 豐盛的早餐後，逛了白天的龍達，才驅車前往今天的第一個小鎮格拉薩萊馬 Grazalema，我們在這裡買到雉雞罐頭與在西班牙吃過最好吃的橄欖。

01 這片山河曾經激發海明威建構出故事情節

02 新橋與懸岩上的城市組成鬼斧神工的龍達

03 國營旅館亦是建在懸崖上的神力小堡

04 在 GPS 36.758002, -5.363155 停好車，美麗的白色城市立刻在眼前展開

⏱ **14:00** ▶ 從格拉薩萊馬高處，盤旋下降到薩哈拉，是欣賞這艷美布景的水庫，最完美的角度，奶油綠的人造湖，宛若打扮艷麗的絕色美人兒，棲息在一座山谷間。入住後，我們先在旅館小陽台，感受小街道與小鎮的歡愉和諧氣氛。

散步經聖瑪麗亞教堂，以豐滿的巴洛克華麗裝飾，以及細緻的新古典主義風格，驕傲地依著山，讓登上城堡的旅客，驚艷讚嘆，於摩爾人城堡的遺跡上，可以盡情地俯瞰湖景與附近城鎮奧爾維拉。

05 奶油綠的人造湖，宛若打扮艷麗的絕色美人兒，棲息山谷間

06 聖瑪麗亞教堂德拉薩梅薩依傍著山，鮮艷的色彩妝點著小鎮

07 摩爾人遺世獨立的城堡遺跡，寧靜地俯視綠玉色澤的湖水，彷彿時光嘎然停止

08 散步到城堡的路上，輕鬆而充滿驚艷

09 一隻美味的羊腿與兩杯白酒，享受湖水與村落的黃昏和夜，再幸福不過

Tips

Mesón Los Estribos：Calle El Fuerte 3 餐廳美麗的享受，超過計畫中的想像。

Chapter 7

唐吉軻德的孔蘇埃格拉 Consuegra 和 坎波德克里普塔納 Campo de Criptana

孔蘇埃格拉（Consuegra）和坎波德克里普塔納（Campo de Criptana），是西班牙卡斯蒂利亞-拉曼恰托萊多省和雷阿爾城省的市鎮。

唐吉軻德傳的主要場景就在拉曼恰

據推斷，拉曼恰（La Mancha）這個地名的由來，應該是來自於阿拉伯語，起源之意，代表乾燥的荒野。這一個自然和歷史悠久的地區，位於西班牙中部，馬德里南部，從托雷多山到昆卡山丘地區。由平均500至600公尺，部分地區高達900公尺的高原，組成西班牙最大的平原。

與《哈姆雷特》、《浮士德》並列世界三大名著的《唐吉軻德傳》（Don Quijote de la Mancha），是西班牙作家塞萬提斯出版的西方第一部現代小說。1605年出了上卷，主要場景都在拉曼恰，作者為了顛覆這一騎士文學，開始庸俗化的時期，沿用騎士做為主角的寫作形式，把騎士制度、騎士精神漫畫化，當他的小說出版後，成功的擊敗了其他西班牙的騎士小說。

孔蘇埃格拉的 12 座風車

西班牙文學最有名的句子，唐吉訶德遊記篇的開頭：「在拉曼恰的某一個地方，地名是我不想要憶起的。」我們拉曼恰之行亦是如此，除了托雷多與昆卡之外，只想在這歷史悠久的大自然平原裡，搜尋被唐吉軻德當成騎士巨人，一個個單挑的風車們。

孔蘇埃格拉 12 座風車各有名字，彷彿其騎士身分，位於高低起伏頗大的高原上，每年 10 月底，番紅花採收的季節，會轉動起來。

令人流連忘返的風車

從托雷多城堡開過來約需 50 分鐘時間，一路上風光令人舒爽輕快。車子可直接開到第一座風車 Bolero 旁，這是遊客中心，可以購票上去看風車的內部結構。

01 在拉曼恰隨處都會有唐吉軻德與他的朋友桑吉的蹤影

02 波萊羅風車 Molino Bolero 可以索取地圖與參觀風車內部結構

03 爬上山坡，我發現最美麗的一幅畫

04 藍天下風車排隊佈滿鏡頭

Tips

免費停車
GPS 39.456695,
-3.607580。
再停 GPS 9.449161,
-3.607100。

Info Bolero 風車內部

◎ **時間**：9：00～18：30。風車運轉時，內部觀賞開放時間：10：00～14：00、16：00～18：00。

💲 **購票**：€2.0。

坎波德克里普塔納有 10 座風車

　　傳説，代表坎波德克里普塔納的旗幟中，兩個半月是表示兩次征服穆斯林的勝利，藍色表示田野與天空保護他們，使他們獲得勝利，紅色，代表血液。但據稱，這些戰鬥的存在，可能是虛構的，半月星應該是人口名稱縮寫的簡單演變。

　　因《唐吉訶德傳》書中，與風車戰鬥的篇章，家喻戶曉，使風車成為拉曼恰的標誌。這裡的風車，有的跟小説人物有關、有的是當地人命名的，總之各有名號，其中 Molino Infanto、Molino Sardinero 和 Mill Burleta 三座，從 16 世紀開始運轉至今。

▌賞玩不夠的風車集錦

　　因擔心賞玩風車的時間不夠，我計畫在到達風車群之前，先到鎮上大超市採買午餐，然後找個舒適的巨人旁坐下來野餐，看著風車及一位爸爸陪小孩放學走回家、還發現三個錄著影像作業報告的女生，我們互相調侃著，也互相正面與背面偷拍，因為，這風車群，實在是再完美不過的舞台布景了！

01 如果時間許可，我是很想到這家餐廳喝一杯

02 這裡的風車幾乎在同一個水平地面上

Tips

鎮上大超市 Mercadona
GPS 39.40287,
-3.12814。
營業時間
9：00～21：30。
免費停車 GPS
39.409,-3.12328
餐廳 Las Musas 外。

Info 旅客中心位於風車波雅多斯（Poyatos）

◎ **時間**：10：00～14：00、16：00～18：30。

Chapter 8

布爾戈斯 Burgos 席德騎士魂

我們在進城前，先開車上到離城不遠且不高的山丘城堡邊，俯瞰布爾戈斯城，在這裡了解各主要建築相關位置與過往，為我們的旅行增添許多內涵。

布爾戈斯觀賞列為世界文化遺產的主要景點

為了在朝聖之路上多看看，而規劃繞道這裡，並可於入城前、後，分別到幾個絕佳地點，觀賞同列 UNESCO 世界文化遺產的，胡爾加斯修道院、巨大的布爾戈斯主教座堂。

另外，出生於此且埋葬於主教座堂，摩爾人尊稱為席德（ El Cid ），其英勇事蹟令人欽佩感動，也是來此城值得瞻仰的的民族英雄。

一群從納瓦拉修道院女修士，從 1157 年，開始此修道院的修持，不但是伊比利半島的第一座西多會修道院，也是卡斯提亞（Castile）和萊昂（León）的女修道院始祖。前兩位修女擁有皇室血統，在萊昂納女王（Queen of León）的支助下，享有修道院直接依屬教皇，位階高於主教的教廷。後由阿方索八世國王和他的妻子，於 1187 年 6 月建立為胡爾加斯女修道院，所在地有個小宮殿，一些小遺跡仍保存至今。

精彩動人的徒步路線

上午結束薩拉曼卡行程，驅車至布爾戈斯城外已是下午。14：00，來到古老近千歲，寧靜的胡爾加斯女修道院。

◉ **15：10** ▶ 進城停好車，沿著河岸徒步到古蹟拱門，上面刻著包括席德、著名法官等，幾位布爾戈斯城市、卡斯提亞地區，重要人物的雕像。然後繼續沿河畔馬刺步道，左轉進主廣場，找到預計去喝酒吃烤肉的餐廳，在兩瓶啤酒、烤肉與麵包支撐

01 從寧靜古老外觀就能感受近千歲胡爾加斯修女修道院之莊嚴虔誠

02 由當地特產的白色石灰岩建造的巨大的凱旋門，聖瑪利亞拱門 Arco de Santa María，精緻華美超適合拍婚紗

Info 胡爾加斯女修道院（Monasterio de las Huelgas）

◉ **時間**：週二～六，10：00 ～14：00、16：00 ～18：30，週日和節日，10：30 ～15：00。

💲 **購票**：5歲以上門票€6。

下，才有力氣走到朝聖者的聖殿之一，布爾戈斯主教座堂。

◉**17：10** ▶ 我們走到城堡旁的廣場，才把主教座堂看個完全。下山後，隨著一名朝聖者進入聖尼可拉斯教堂，看見非常虔誠的繁複雕刻，才取車往旅館大休息。

▌我們住

Hotel La Galería Restaurante 拉加勒瑞爾四星級飯店，含豐盛美味高級自助早餐，免費停車，雙床寬敞套房臺幣 2163 元。

03 英勇堅忍的席德騎士，跟當年一樣未曾倒下

04 費爾南多·岡薩雷斯街是欣賞主教堂的真實角度

05 城堡外瞭望台可以稍高視角俯瞰布爾戈斯古城區

06 聖尼可拉斯教堂內部精彩的雕刻，反映著信仰的虔誠

07 主教座堂的法式哥德風格大門，精緻美麗

08 聖費爾南多廣場 Plaza Rey San Fernando 看到的是熱鬧的大教堂

Tips

近城堡的免費停車位 GPS 42.34224, -3.70781

Travelling around Spain

Part 3

4000 公里飆不夠

駕車環遊西班牙 4000 公里的感覺很過癮，因為沿
途風景美不勝收，讓人有意猶未盡的感覺，如果你
也心動於西班牙的駕車遊，就來做點行前功課喔！

Chapter 1

簡易租車三階段——
租車前、取車後與還車時

已經在紐西蘭、德國、法國、義大利、西班牙、葡萄牙、土耳其其租車旅遊多年的我們，開車旅行，不必扛著行李去旅館、在未住宿的景點也不必為何處寄放行李與費用傷腦筋。

◢ 開車旅遊的優點

　　自駕旅遊比大眾交通工具可以更快到達目的地，並藉此租車服務，可以降低住宿費用，住在比較舒適的旅館，還有更能掌控時間，對我們來說，這些才是駕車旅行最大的附加價值。

　　雖然這些駕車旅遊的優點相當誘人，但租車相關的注意事項又有哪些？想要不必費心查詢大眾交通工具的上下車、轉車的時間與地點，以及想知道租車會衍生那些相關費用？本章都有詳細說明。

關於租、取、還車細節

我把租車的疑難雜症，分為租車前、取車後與還車時，需注意那些事項。

租車前

出發前，先在網路租車公司租車，是保障現場必租得到車、並且能租到想要的車輛之不二法門。通常提早租價格較優惠，以同款車而言，三週西班牙租車旅行，兩個月前租車，加上信用卡優惠活動，比臨出發時的價格，就有萬元台幣以上的價格差距，且提早租，可選的車型較多。

如今租車公司均擁有多國語言，操作上已經變得簡易許多，除了租車與還車地點之外，設定好租車的必須配備，例如手排或自排、冷氣有或無、燃料種類、行李空間……，或者在租車比價網站，比較各家租車公司的車款與價格，以及各家公司的風評考量，最後選擇好保險的等級與相關配備，就能開始下單租車囉。

【租車網頁操作】

可選擇中文與幣別，輸入日期、地點（如果甲地租車乙地還車，通常會有附加費用），接著按下搜尋，在跳出的第二頁，左下方窗格，將細部選項一一輸入，便可以選擇車款與租車公司了。

其他各項配備如嬰兒車、導航系統、晉級保險等都是選配，確認選擇後，最後再一起計算總價。

取車後

取車必備物品有護照、國際駕照、本國駕照、租車合約（用該公司 APP 下載到手機亦可）。想要避免被後續繁雜問題困擾的話，從取車開始到還車，務必做到的重要事項如下：

【比預定取車時間早半個到一個小時到達取車地點】

因為現場有可能大排長龍，或訂的車子未到達現場，需做車輛更動，有可能加價或不加價升等，必須考慮是否接受。另外，如果在 Rentalcars 平台租車，義大利的話可以選全險，而西班牙卻只能選基本險，所以，是到現場再決定是否付費加保。另外，現場需注意的是，除了原合約的租車總價之外，公司會要求用原租車使用的信用卡另外刷一筆保證金，此額外的一筆，只取得扣款授權，其中用意，是確認該信用卡是否可以正常扣款，在安全還車之後，此保證金請款後續動作將自動消失。當然，如果有違規罰單或公家調查時，該公司便有權自此卡直接扣款代繳。

【確認取車確切時間與還車的彈性區間，若異動大，得請公司人員註記並簽名】

因為取到車子的時間，可能跟合約上不同。例如我們這回，在西班牙巴塞隆納機場取車，提早一個多小時到達，最後取到車仍是慢了 15 分鐘，因此，我刻意要求他們在合約上註記取車確切時間，並確認還車的彈性區間有 30 分鐘。因為若不小心超過還車約定時間，即使只有 10 分鐘，也會被多扣一天的租車費用。

【仔細檢查車況、外觀，並拍照，且要求在合約上註記】

16 年來，從自己與朋友開車所聞，總是有一些關於預計之外，遭到租車公司扣款要求的負面評論。為了預防這點，把取車時車子的原有坑坑洞洞拍照，並要求公司人員將這些坑洞的位置、大小，註記在合約上，以免還車後，被要求賠償不是自己責任的部分。

【確認車內設施與其他如工具等雜物配備】

取車時，要確認車內一些簡易修車、故障標誌等工具之有無。在西班牙租車最特別的，是租車公司會為客戶準備螢光色背心，因為政府規定，租車公司沒提供的話要受罰，而若公司在車上已備有此背心，在公路上，下車時，沒穿上這背心，那麼受罰的便是自己。

【緊急連絡電話】

公路上，離開車子一律須要穿上螢光背心

一般在較知名的品牌租車公司租到的，故障的情況很少見。但合約上，一定會附上緊急狀況連絡電話，最好隨身攜帶或先記錄下來，遇到重大事故，可以直接聯絡租車公司，協助就近處理或換車。

【確認本車油品】

雖然，有時候會有一張寫著油品名的貼紙，貼在加油口附近，但把車子開走前，還是先確認一下。

還車技巧

【若車子太髒，還車前先行清潔】

車子外部太髒的話，可能有些坑洞、傷處看不出來，驗車時很難說明清楚，車內太髒，可能使驗車人員感覺車子恐有其他問題，或是因為髒污，使得現場沒法看仔細，回國之後，才收到賠償損害的帳單。

【加滿油再還車，並拍下或留下最後一張加油收據】

所謂加滿油，是指油針指到最上面那一個刻度。取車時租車公司都會告知，若是未加滿油還車，會被收取含服務費的高額油費，所以，務必先弄清楚還車附近的加油站，還有加滿油，可以開多遠。

【在規定時間內到還車現場】

若非不得已，提早到達還車處，因這會影響是
否會被多扣一天租車費用。

【仔細陪同驗車】

一開始，先跟公司人員確認到場的時間，然後
等待他們驗車，並且將合約取出，確認原來的傷

拍下或留下最後一張加油收據

處、油滿格、車內配件，一切完成後，記得請驗收
人員寫上還車日期、時間與在合約上簽名。

【保存取車、還車與驗車時，所有註記的合約】

為恐日後不必要的扣款爭執，最好將完整註記的合約書，暫時保存下來。
我們都把這曾經馳騁該國公路的證據，當成紀念品珍藏著。

▌其他事項

至於不帶地圖到達目的地，要依賴的導航系統部分，建議使用 TomTom、
Garmin，或是手機的 APP 離線導航，如 Sygic（適合行車使用）、maps.me（行
人模式較優）等，無論你選擇了哪一種，都應該要事先使用上手，才不會弄不
清楚各種條件輸入模式，一上路便手忙腳亂地搞亂行程。還有，記得帶上順手
的手機置放架子，駕駛人絕對不能將手機導航自己拿在手上，抓到會被重罰！

安心開車

以我們多次租車經驗，循著以上注意事項，即使是向評比不高的公司租
車，仍可以簡易取、還車，並且無後續煩惱問題，所以只要遵守交通規則，沒
有交通違規事項，租車移動真是最輕鬆快樂的旅行方式。

Chapter 2

公路交通標誌與休息站

除去找路或路標的不熟識之外，在西班牙公路上開車，是一件非常享受的事情，沿路風光宜人，景觀變化多，無論是大小公路，路況都一級棒，大多數公路的車輛稀少，加上用路人都很遵守交通規則，我們連續 23 天，共 5000 多公里的駕駛中，沒有遇見任何車禍現場。

基本駕駛規則

駕駛規則幾乎跟我們一樣，例如左側駕車，靠右行駛，駕駛員和車輛中前後座人員均須使用安全帶。但是有很多規定，大家遵守的比我們徹底，例如遇到 STOP 標誌，須馬上停車，至少 3 秒鐘、絕對的禮讓行人，以及只可由左側進行超車。

同中有異

與我們比較不同的有：在圓環處的行車規定，已在圓環內的車輛享有先行權，但同在圓環內的車輛，以外圈優先駛出圓環。高速公路最高速限 120 公里／小時的路段，內側超車不可超過 120 公里／小時，各公路超速罰款金額 € 100~600。

另外，有些高速公路可以行駛機車，還有，開車要特別當心，部分路段，允許朝聖者行走的特有符號，其實看圖説話就可理解，很像當心行人的標誌。

公路工區標誌

很佩服西班牙公路的維護工程系統。因為在我的導航 APP 上就會發現它的蹤跡，例如速限變更，接近施工現場時，地面、路旁的指示會變色之外，施工人員都是穿著鮮豔的螢光色套裝，老遠處就設立明顯的三角錐、並顯示工程占用道路的距離、道路縮減等告示，再三告知用路人，小心前有工作機台與人員，由此可見他們對於生命安全的極度尊重。

重要交通標誌

西班牙交通標誌跟國際標誌相同， 所以只要熟悉我們的標誌，知道各形狀與顏色標誌的統一意義，看圖説故事即可理解，例如：圓形紅圈是限制標誌，如禁止超車、速度限制。圓形藍底是規定標誌，如規定速度需大於 60 公里／小時。方形藍底是指示標誌，例如建議速度 90 公里／小時。三角形紅邊是危險類標誌，黑框白底是解除標誌。

01 施工現場前後老遠，地面、路旁的指示、臨時標誌開始變橘色底

02 前方道路施工時，會看到橘色底的臨時標誌、橘色的路面劃記標示

03-04 當心路面冰雪、有鹿經過

其他實用標誌

　　均速一百多公里的公路長途駕駛，專為開車人設計的貼心實用標誌超級多，例如：公路上的 P 停車休息區。

加油與休息

　　綜合以上所述，自然可以想見，不只是休息，就連加油最好的地方，也是順路在公路上，而不是進城才找加油站。

公路加油優點多

1. 有的路標清楚指示，此刻與加油站的距離，還有各加油站的標價，方便駕駛依自己與車子的狀況做選擇，當然，有的導航系統，也會顯示加油站的距離資訊。

2. 公路上跟城內的加油站比較起來，城內的加油站總是小的多，以至於停車與動線比較不方便。

3. 因公路加油站競爭比城內激烈，實地使用發現，並不是公路上應急的加油站價格較高，且在城內較少開車，建議在城市與城市間的公路上，順路加油，省事又省錢。

---

05 公路上的 P 停車休息區

06 SOS 緊急求救電話

07 前有旅館、餐廳、加油站、修理站

08 隧道總長 322 公尺，108 公尺處有緊急求救電話

09 提醒駕駛與乘客繫回安全帶

10 最近幾處加油站的價格與距離

11 公路上加油站寬敞多了

4. 大太陽底下趕路，疲倦是一定會發生的，此時不妨去加個油，並上一下總是清潔得很乾淨的洗手間，洗洗臉、伸伸懶腰。然後，在離開加油站前，順道買瓶透心冰涼飲料，善良的便利店不抬高物價之外，還偶有優惠，我們相當感恩地喝下每一口冰果汁、汽水、可樂。然後，瞬間神精氣爽地上車，趕往下一段旅程。

5. 有些加油站也偶有店員幫忙，最要注意的是，別加錯油品。常有自助加油的形式，為了防止髒污，油槍附近都有貼心的一次性手套。少數加油站，需要先進店內刷卡才能加油，不論哪一種，付款都需跟店員説加油的機器號碼，在加油計量機器附近找找，就會看見這個數字。另外，如果想刷卡付款，出國前，記得要確認信用卡的預借現金密碼，部分加油站刷卡需輸入此密碼。

6. 在西班牙開車，擋風玻璃上，常會遭超多昆蟲屍體弄花的，但別太擔心，因為跟我們一樣，加油站

01 自己幫自己加油
02 找一下自己加油的站號
03 投幣洗車的沖水設備
04 加油站旁有休息的地方

通常會有刷子，可以刷洗一下擋風玻璃，有時也有付費機器洗車道，或投幣洗汽車的沖水設備。

7. 如果真是太累了，加油站就是休息站，炎炎夏日，長途駕駛後，車子跟人都需要有陰涼的庇蔭，才能重啟趕路機制，若還需要更大的梳洗、休息，也可以選有附設旅館的加油站。

05 前有雷達測速

06 保持車距

07 確定離開公路的出口，以免多開冤枉路

其他常見標誌

其他常見標誌，無論是在西班牙或葡萄牙公路上，也多是看圖就能了解意思的，如果擔心看不懂標誌，就在此章節事先了解，相信屆時更能讓你的旅途輕鬆愉快。

Info **加油重要單字，尤其是汽、柴油絕不可以加錯啊！**

中文	加油站	汽油	柴油
西班牙文	Gasolinera	gasolina	gasóleo ,diesel

Chapter   3

西班牙公路收費與停車問題

西班牙的公路非常舒適寬敞，且除了巴塞隆納與馬德里附近，車流量較大之外，
其餘地方，車輛均稀少，但是別以為因此收費多喔！

西班牙公路收費

西班牙大多數公路都是免費的，只有編號以 AP 開頭的高速公路大部分路
段，才會收取高價過路費。

西班牙公路收費方式

西班牙的收費道路，是我們熟悉的三種付款方式：

1. 現金，若是機器收款，紙幣最大收到€ 20、硬幣最小只接受到€ 5。

2. 信用卡，部分收費站只接受 EMV 的晶片卡（我們稱 IC 卡），如果用信用卡
   刷卡不成功，可以用旁邊的現金投幣機器。

3. vía-T，就是類似臺灣高速公路的 ETC，只不過西班牙的 vía-T 車道有兩種。

（1）如果是藍底圓形 T 的車道，僅限有 vía-T 的車輛，其他車輛不要進入，以免堵住車道。

（2）如果是藍底方型 T 的車道，表示含 vía-T 的以上三種付費方式，均能通過。如下圖：

過路費機器操作程序

先在之前過站領取收費票卡，到達收費站時，依據以下四個步驟操作過路費機器：1. 左邊送入票卡；2. 看上面顯示金額；3. 中間刷卡，或用右邊投紙幣、硬幣；4. 下方取出收據。

西班牙收費公路舉例

因為歐洲油價高，所以選擇走收費還是不收費道路，主要是看所需時間，因為很多時候，兩種道路平行範圍很大，若相差超過半個小時的路段，可以選擇收費道路，如果時間寬裕，想慢慢欣賞優美風景，則避開收費道路。

例如，剛從巴塞隆納機場取車出來的第一段路，為了適應西班牙道路與剛開的車，我們選擇不收費道路到 L'Ametlla de Mar，安全抵達特選超

01 前左邊車道僅限 vía-T 車輛，提早選擇正確車道

02 過路費機器操作

03 注意機器不收 1、2 分的硬幣

值餐廳，享用豪華大餐，充分休息之後，已有時間的考量，第二段選擇 AP-7 收費道路，往瓦倫西亞邁進，這段距離 210 公里，2 小時的開車時間，收費 € 19.95，約相當於開 550 公里的過路費。

停車問題的重要單字

在西班牙開車旅行，市內停車，很需要學會看得懂這幾個單字：

中文	星期一	星期二	星期三	星期四
西班牙文	Lunes	Martes	Miércoles	Jueves
中文	星期五	星期六	星期日	節、假日
西班牙文	Viernes	Sábado	Domingo	Vacaciones＝Festivos

中文	和	或	到	除了	免費
英文	and	or	to	except	free
西班牙文	Y＝y	O＝o	A＝a	Excepto	Libre．Gratis

另外，餐廳的營業時間都是 24 小時制，例如 5：00~1：00（清晨 5 點到次日凌晨 1 點）

禁止停車標誌

禁停標誌很人性化，所以變化超級多，像是禁止長期停車或禁止臨時停車，一般駕駛人都懂，但以下就有些比較特殊的。

下半月
禁止長期停車

上半月
禁止長期停車

單數日
禁止長期停車

雙數日
禁止長期停車

VADO
雙數日
禁止長期停車

EXCEPTO CARGA
Y DESCARG A
MÁXIMO 30 MINS
DE 9 A 13 HORAS
Y DE 17 A 20 HORAS

禁止久停標誌，附註除了裝卸貨物之外，最多停 30 分鐘，限 9：00~13：00 以及 17：00～20：00 可暫停。

環島問題

另外，找停車位或景點，不論城內城外，常遇到相當於紅綠燈設計的環島，島內車輛不需停下來，換言之，島外要讓島內先行，島內若為多線道，以外線道優先通行。

市內停車

市內停車需注意停車格種類與收費問題。

路邊停車

路邊車位類別以顏色劃分，大多需在停車收費機器買票，收據放在擋風玻璃內明顯處。

1. 白色：一般都是免費停車，在城市邊緣或者小城市才有，建議看下周圍有沒有特別的標識牌，是否是只限特定人士停車的。

2. 藍色：有規定臨時停車時間，但一般都不准過夜，如標示不明，一般收費時段最多可停 2 小時，午休和晚間也有可能是免費時段。若超時會加倍罰款，但不拖車。罰款可以在自動售票

01 有的停車場需要特殊標幟的車輛才可以停

02 紅色圓圈為車輛禁制區，除了大眾交通巴士、腳踏車、前往飯店停車場

03 這個是友愛觀光客的，除了遊客以外，禁止久停。

機繳，也可去當地市政府繳款，15 天內繳有
50% 的折扣。如不繳，有可能突然收到已從信
用卡扣款的通知。

3. 綠、橘色：主要服務周圍居民，非居民也可以停
車，只是收費比藍線貴，停的時間也比藍線短。
每條街停車規定不盡相同，例如有的街道規定上
半月靠左停車，下半月靠右停車，所以停好後，
務必看一下牌子上寫些什麼。

4. 黃色：是裝卸區，白天貨車可停 20 分鐘，晚上
隨便。

5. 車位無論什麼顏色，有輪椅殘疾人標誌的車位，
非殘疾人士都是不能停的。看到 RESERVADO 字
樣 =RESERVED 也不可停。

收費機

　　停車收費機器雖常不同，但操作都是一樣的，
投幣後，螢幕顯示的時間會增加，到自己預計的停
車時間，或直到該區域規定時間上限為止，就停止
投幣，確定後就印出收據，放到擋風玻璃內。一般
晚上、週日免費，但以禁停標誌下方標註和收費機
上的說明為準，超時未繳費會收到罰單，一般夾在
雨刷器上。去收費機上，輸入車牌號碼將罰金繳掉
即可。

01 塞維亞路邊停車收費
機，最上面是收費期間與費
率 60 分鐘€ 0.65，120 分
鐘€ 1.25，有投幣孔、信用
卡收費口，由下方印出停車
票據

02-03 停車須先繳費用，昆
卡路邊機器 30 分鐘€ 0.20，
1 小時€ 0.65，2 小時€ 1.6

▌室內停車

注意幾個停車場的字—Estacionamiento＝Pakring＝ Aparcamiento＝P

跟我們相似，進入室內停車場，通常都有個閘門，然後按鍵取票，接著閘門開，即可進入停好車，有時候會有電梯上到地面。取車時，可能須使用停車前取到的票卡感應開門，將票卡送入場內機器，螢幕就顯示金額，通常刷卡、現金均接受，消磁後，取出原票卡或機器會給出一個出場代幣，離開停車場時，送入機器便會開閘通行。

計費方式通常不是每分鐘相同價錢，而是以時間區分不同費率，各大小城市之間也相差很大，例如在首都馬德里的西班牙廣場附近室內停車，3 個小時又 20 分鐘€ 8.89；在托雷多城堡旁停 52 分鐘€ 1.8。

04 RESERVADO 只限當地居民或有預約停車的地方

05 停車場 Aparcamiento 往前走

06 送入票卡螢幕顯示停車費

07 停車費可以信用卡輸入 PIN 碼付款

08 千萬記得取回信用卡

Chapter 4

我們的行程規劃表

為了控制每天開車的距離與時間,開車旅行前最好依各家司機體力,規畫行程。
我們家僅一人開車,而且平時開車距離與時間就不長,所以我們的計劃比較保
守,但行進規畫與距離時間,卻是很棒的參考資料。

天 數	西葡自駕遊 31 天行程
1(四)	搭 11:40 機場巴士往桃園 T2,14:40 ▶ 上海 Pudong T2 16:40 已預訂中轉免費貴賓休息室 4 小時(兩人機票共 29090 元)
2(五)	00:40 T2 轉機 ▶ 8:00 到巴塞隆納 Barcelona 機場 T1 ▶ 搭 T1-T2 Shuttle bus ▶ T2 備水、零錢 ▶ 10:30 EuropCar 取車 ▶(144km 2' 06")L' Ametlla de Mar 的 no.1 Restaurant Mestral 預訂 13:00 海鮮餐 ▶(AP 付費 206km 2' 09")Valencia 瓦倫西亞 住附近 Vidal Tiendas Supermercados 買次日午餐
3(六)	▶(166km 1' 48")Santa Bárbara Castle ▶(81km 1' 1")Murcia Catheral ▶ Ibis Murcia 慕西亞
4(日)	▶(119km 1' 21")Vélez-Blanco ▶(121km 1' 25")Guadix 瓜迪克斯
5(一)	Hotel GIT ▶(61km 42")B&B Granada 格拉納達 ▶ 搭公車轉公車(約 55")▶ Catheral ▶ Alhambra…
6(二)	9:00 出發 ▶(169km 2' 17")Setenil 塞特尼爾 ▶(21km 27")Ronda 龍達
7(三)	午餐後離開 ▶(31km)Grazalema 格拉薩萊馬 ▶(16km; 兩段共 54")Zahara 薩哈拉(備明簡單行李)
8(四)	▶(28km 約 34')Olvera 奧維拉 ▶ Osuna ▶(180km 約 2' 22")Cordoba 哥多華
9(五)	7:30 離旅館帶早餐去教堂等開門先吃,10:00 ▶(138km 1' 30")Sevilla 塞維亞

10（六）	Sevilla 塞維亞
11（日）	▸（191km 2' 05"）Merid ▸ 葡萄牙～ 15 日（略）▸（115km 1' 21"）西班牙 Vigo 維戈
15（四）	Vigo ▸（收費 87km 57"）Santiago 聖地牙哥
16（五）	帶提神零食（171km 1' 43"）Verin 貝林 [公路邊休息] ▸（187km 2' 21"）Zamora 薩莫拉 ▸（66km 48"）Salamanca 薩拉曼卡主要廣場 ▸ 折回住宿（2.1km 04"）
17（六）	▸（3.2km 06"）Salamanca 河岸北邊 ▸（243 km 2' 31"）Burgos 布爾戈斯
18（日）	▸（219km 2' 25"）Segovia 塞哥維亞 Restaurante Claustro de San Antonio El Real 含停 free × 餐廳已預訂 20：30 25 歐套餐 ×2
19（一）	▸（69km 55"）Ávila 阿維拉 ▸（76km 56"）埃斯科里亞修道院 ▸（47km 45"）Saba Aparcamientos, Plaza Mostenses, Madrid, 西班牙廣場停車 GPS 40.422811, -3.708949 ▸（16km 19"）Hotel Exe Getafe 赫塔費
20（二）	▸（41km 34"）Aranjuez 阿蘭惠斯 ▸（45km 48"）Toledo 托雷多 4.5 El Fogon Del Quijote 平價小餐館 預訂 15：00 用餐 12 歐套餐 ×2
21（三）	14：00 ▸（62km 49"）Consuegra 康斯埃古拉 風車小鎮 ▸ 經 Alcázar de San Juan 聖胡安堡 ▸（50km 46"）Campo de Criptana 克里普塔納—拉曼恰（La Mancha）風車大群 → 野餐 ▸（145 km 2' 15"）Cuenca 昆卡
22（四）	Cuenca 昆卡
23（五）	▸（148 km 2' 33"）Teruel 特魯埃爾
24（六）	▸（173km 1' 53"）Zaragoza 薩拉哥薩
25（日）	▸（298 km 3' 36 無收費；收費 300km 3'）Barcelona 10：30 還車 + 買 FGC 套票（或進市區再買） （Trans Montserrat Ticket：31.8 套票 / 人 + 拿時刻表，售票機旁找說明小冊子。 自動售票機，點選 Combos 之後，有 Aeri 與 Cremallera 選擇的畫面出現，選 Aeri） 搭 R2 火車 4.1 歐，使用 T-10 票 班次時間：每 30 分鐘一班 行駛時間：25 分鐘靠站：① 機場站 Aeropuerto（T2）、② 聖人車站 Estacio Barcelona Sants 站、③ El clot 站、④ Passeig de Gracia 站。預計在 2 站轉地鐵。使用 T10 搭乘，在 75 分鐘內免費轉乘其它交通工具。 售票處：在機場賣菸酒掛有 T 的雜貨店，或 Renfe 火車站、市區地鐵站購買 注意① 機場火車站 Aeropuerto 在 T2（T2B），在 T1 下飛機，需搭乘 Shuttle BUS 到火車站轉乘，每 6-7 分鐘一班，行駛 10-15 分。 Check in ▸ 向旅館訂明天早餐組合 + 買上山野餐 + 現撈海鮮餐廳 La Paradeta Paral·lel 吃巴塞隆納的第一餐 ▸ 蘭巴拉大道南末端逛起
26（一）	搭 24 路 6：50 公車 ▸ 奎爾公園（入）+ 米拉之家（22 歐）+ 巴特婁之家 + 主座教堂
27（二）	聖家堂（已買 15 歐 ×2）+ 聖保羅十字醫院（入）+ 音樂宮 + 海洋聖母教堂
28（三）	野餐 ▸ Montserrate 蒙塞拉特（搭車來回）+ 浪漫歌劇噴泉
29（四）	Happy Day 去惠克山的空中纜車站 + Badalona 海邊 + 現撈海鮮大餐結束本次旅行
30（五）	巴塞隆納機場 T2 ▸ T1
31（六）	▸ 上海浦東轉機 ▸ 桃園 T2

Part4

Travelling around Spain

關於巴塞隆納機場與市區交通

巴塞隆納機場到市區的距離不到 15 公里，所以有多種
交通選擇可以往返機場，相當方便。

■ 從機場到市區購票

巴塞隆納主要國際機場為 Aeroport de Barcelona-El Prat 普拉特機場，從機場到市區大眾交通工具有 Aerobus 快捷巴士、A1、A2 機場巴士、Renfe 火車、L9 機場地鐵。請看以下簡易分項資料表：

可使用 T-10（後介紹）或單獨購票	不可使用 T-10 票的有
1. 46 路機場巴士 費　用：€ 2.15。 班　次：4：50～23：50， 　　　　13～30 分鐘一班。 旅　程：全程 45 分鐘。 停靠站：機場到 Av Paral·lel – Llançà 　　　　之間 46 路的 21 個公車站。	**1. Aerobus 快捷巴士** 費　用：單趟€ 5.9、來回€ 10.2（15 天內有效）。 班　次：1：00～5：30 停駛外，平均 5～10 分鐘一班。 旅　程：25～35 分鐘。 停靠站：機場，T1 搭 A1 車，T2 搭 A2 車， 　　　　市區，西班牙廣場 Plaça d' Espanya、Gran 　　　　Via - Comte Borrell、Pl. Universitat、加泰隆尼 　　　　亞廣場 Plaça de Catalunya 共四站。 售票處：航站 T1 上車買票，T2 旁邊售票機可購票。 官　網：http：//www.aerobusbcn.com/en
2. renfe 火車 R2 費　用：€ 4.1。 班　次：6：08~23：38，自機場 　　　　每小時 08 分及 38 分發車 旅　程：20（到 Sants）~25（到 　　　　Gracia）分鐘。 停靠站：機場 T2、Estacio Barcelona 　　　　Sants、El clot、Passeig de 　　　　Gracia。	**2. 機場地鐵 L 9** 費　用：€ 4.5。 班　次：7 分鐘一班。5：00 開始，週五到次日 02： 　　　　00、週日到 5：00，其他與節日到 24：00。 停靠站：如下圖。 售票處：機場地鐵 L 9 入口處。

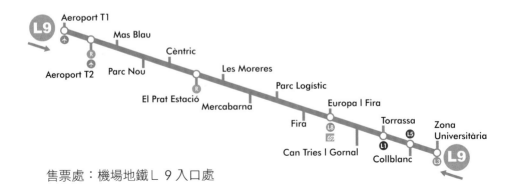

售票處：機場地鐵 L 9 入口處

▌機場標誌說明

　　機場的符號可看圖會意，取行李後，依選好的交通工具找指標前進，地鐵M紅色，L9 橘色的標誌、火車站 renfe 白底紫色斜體字 R 橘底白字，巴士 B 圓形紅底白字，一路沿著這標誌走，機場地鐵站入口旁就有自動販賣機。

01 需轉航廈者往前走

02 搭火車右轉，搭 L9 左邊往下走

03 圖示搭飛機的火車站 renfe，R 線右邊前行

04 航廈 T1 與 T2 間免費接駁 Shuttle Bus 站，沿著地上綠線走

Info 航廈 T1 與 T2 間免費接駁公車，24 小時營運，每 6 ～ 7 分鐘一班，車程約 10 分鐘。

範例

以下從機場到我們入住的飯店為例

1. 從 T1 搭免費接駁巴士到 T2。

2. T2 巴士站下車走約 5 分鐘，到機場火車站，在入口旁機器，買 1Zona T-10 車票一張，搭 R2 → Passeig de Gracia（B.PG.Gracia）站，約 25 分鐘。

3. 轉搭地鐵 L3 號線 → Paral·lel 站，約 7 分鐘。

共使用一次 T-10 票卡就夠，不到€ 1。

市區交通的 T-10 票卡

T-10 在機場、掛著 T 賣菸酒的雜貨店、renfe 火車站、地鐵站均可購買，包含市內至巴達洛納 Badalona、機場，巴塞隆納 1 區地鐵（機場地鐵除外）、FGC、TMB 巴士、部分纜車，在 75 分鐘內可免費轉乘。

單程一次需€ 2.15，T-10 一張€ 9.95 可使用 10 次，只搭 5 次就划算，且可多人共用，每次上

Info

🌐 **巴塞隆納地鐵圖**：https：//www.tmb.cat/ca/transport-barcelona/mapa/metro

各路公車路線圖：https：//maps.tmb.cat/ca/bus

01 T1-T2 間的免費接駁巴士

02 renfe 的 R2 線火車

03 火車站的標誌 adif

04 機器購買 T-10 票卡

車一人次刷票卡。若超過 75 分鐘，打票機會自動計算到下一次，若搭地鐵轉搭巴士，又回頭搭地鐵，也記到下一個旅程。過閘道時，驗票機會顯示剩餘次數，但只要留意背面的打印即可，失效刷卡會發出警示聲。若無票上車或無驗票上車，查到就罰€ 100。

鋸齒山套票

巴塞隆納有很多神秘的故事，其中關於黑面聖母的發源地在郊外的鋸齒山，這裡很適合安排一整天健行，與嘗試深山峻谷裡各式刺激的交通工具。

在 R5 搭乘的起站西班牙廣場站，或是有橘色符號 ⬛ 的站，如 Gracia、加泰隆尼亞廣場站 Catalunya 等，就有 FGC 機器可購買€ 31.8 的套票，含（1）來回的巴塞隆納市區地鐵、公車（不含到惠克山的 150 路）。（2）到 Montserrat 山下火車站的來回火車 R5。（3）Aeri 上山的來回空中纜車 Cable car，或 Monistrol 鐵路纜車 Funicular。（4）當日不限次數搭乘 Sant Joan、Santa Cova 兩地來回 Montserrat 的鐵路纜車。免去分次排隊購票，也省下很多費用。

05 鋸齒山套票須在 FGC 的機器購票

06 依著山勢建構的鐵路纜車

07 兩台纜車峽谷相逢分秒計較

後語—Osuna & Guadix

　　歐洲自助的第六趟大旅行，是該前往人文錯綜複雜、被各宗教愛恨情仇纏繞，文化多元的西班牙走一回了，正如《權力遊戲—冰與火之歌》的主角所言：「你以為許多場景是於異國拍攝，但事實上它們大多同時位於現今西班牙境內。」

　　這回旅行，雖然有點不順利，例如在格拉納達慌忙中，忘記已先標好確切站牌位置，卻還問到錯誤訊息的等車位置，使我們多花一個多小時的時間；或一、兩次用餐踩到地雷。但幸運的事情卻是不勝枚舉，例如第一航段非常幸運地一起被免費升等商務艙；巧遇航空公司新航線特惠期間，機票價格超低，另附免費進入貴賓休息室，所以我們去與回的四小時等待轉機，都被熟悉的豐富食物，溫暖到心窩裡。

　　幸運的機遇一路上不斷發生，例如免費車位難求的地方，時常碰到一輛在眼前開走的車子；無知違規停車，還被警察走來溫柔提醒，告知正確的停車場地；繞不進去原計畫的停車場，卻是因為巧逢難得的嘉年博覽會。

巧上西班牙電視介紹 Osuna

　　每集以400～700萬美金製作費的《冰與火之歌》，大多場景取於西班牙，其中第四季龍母被龍子救援的大製作，拍攝於 Osuna 的競技場，位於柯爾多瓦與塞維亞之間。也算追劇人的我們，既然順路經過此偉大場景所在，那麼緬懷一下也是應該，因得知競技場僅周末開放參觀，遂決定遠觀即好，至少經過時能明其妙。

　　那日，當手機導航顯示到達目的地時，驚見入口敞開，同時又看見免費寬敞的停車位，遂決定下車探個究竟。在門口遇到高帥的西班牙男生說：「今天因有工程，可以讓我們免費進去走走。」於是，我們像撿到便宜，快速拍了幾個影片中有印象的角度。將走出時，看見有 cosplay 扮演女主角龍母卡麗熙的演員，原來是西班牙大電視公司 Movistar+ 來做節目，製作人得知我們是該劇粉絲，央求我們若時間許可，接受他們電視的錄影採訪。

仗著已經在台灣上過至少 10 次電視台節目，不能膽小漏氣，幾回英語對答之後，做為結尾，要我們用中文，附帶表情地演一句經典台詞 Winter is coming . 我們嚴肅地說出：「凜冬將至！」才這幾個字，還讓導演指導再三，但對著鏡頭也夠讓我們兩個粉絲過足戲癮。

Guadix 地下土屋外歡笑與貪吃的場景

上瓜地斯觀景台時，發現一個正在上菜的庭院，忍不住熱情的加入他們。坐下之後，我請其中一人幫忙拍合照，接著三人一直勸我們用菜。因為聽不懂他們的語言，老公阻止我貪吃。然後一位似是此棟半穴屋的主人，從罐子裡取出東西要我品嚐，另兩個人一邊極力阻止我接受，一邊在笑罵那人。總之，我想吃的是那番茄、火腿、沙丁魚、起司、酒……，但除了小片起司，只有一直笑而已。

回來看照片才發現，拿相機的人，在幾秒鐘內，數張精采連拍把我們關鍵的超有效果的畫面抓得如此巧妙，所以我猜想，會不會那善良的倆人是曾來此處勘景的電影工作者？而這就是旅遊的奇妙之處，也就是往往在昨天遇到的路人，可能成為明日旅程的貴人。

國家圖書館出版品預行編目資料

環遊西班牙4000公里 / 愛麗絲文.攝影. -- 初版.
-- 臺北市：華成圖書，2018.09
面； 公分. --（自主行系列；B6207）
ISBN 978-986-192-330-7（平裝）

1. 自助旅行 2. 汽車旅行 3. 西班牙

746.19   107011051

自主行系列　B6207

環遊 西班牙 4000公里

作　　者／愛麗絲

出版發行／華杏出版機構

華成圖書出版股份有限公司
www.far-reaching.com.tw
11493台北市內湖區洲子街72號5樓（愛丁堡科技中心）
戶　　名　華成圖書出版股份有限公司
郵 政 劃 撥　19590886
e - m a i l　huacheng@email.farseeing.com.tw
電　　話　02-27975050
傳　　真　02-87972007
華 杏 網 址　www.farseeing.com.tw
e - m a i l　adm@email.farseeing.com.tw
華成創辦人　郭麗群
發 行 人　蕭聿雯
總 經 理　蕭紹宏

主　　編　王國華
特 約 編 輯　李佳靜
美 術 設 計　吳欣樺
印 務 主 任　何麗英
法 律 顧 問　蕭雄淋

定　　價／以封底定價為準
出版印刷／2018年10月初版1刷

總 經 銷／知己圖書股份有限公司
台中市工業區30路1號　 電話　04-23595819　傳真　04-23597123

讀者線上回函
您的寶貴意見
華成好書養分